Christoph G. Paulus
Der Prozess Jesu – aus römisch-rechtlicher Perspektive

Prof. Dr. Christoph G. Paulus
Universitätsprofessor an der Humboldt-Universität Berlin

ISBN 978-3-11-047938-6
e-ISBN (PDF) 978-3-11-047983-6
e-ISBN (EPUB) 978-3-11-047943-0

Library of Congress Cataloging-in-Publication Data
A CIP catalogue record for this book has been applied for at the Library of Congress.

Bibliografische Information der Deutschen Nationalbibliothek
Die Deutsche Nationalbibliothek verzeichnet diese Publikation in der Deutschen Nationalbibliografie; detaillierte bibliografische Daten sind im Internet über http://dnb.dnb.de abrufbar.

© 2016 Walter de Gruyter GmbH, Berlin/Boston
Druck und Bindung: CPI books GmbH, Leck
♾ Gedruckt auf säurefreiem Papier
Printed in Germany

www.degruyter.com

Inhalt

I. Die Bibel als historische Quelle —— 1
1. Historische Informationen —— 2
2. Rechtshistorische Informationen —— 4

II. Das Umfeld des Prozesses —— 6
1. Pilatus —— 6
2. Messiaserwartung in Jerusalem —— 8
3. Zwischenresultat —— 11

III. Der Prozess —— 12
1. Die vier Berichte —— 12
2. Gerichtssprache —— 17
3. Kompetenzfragen —— 19
4. Verfahrensleitung —— 23
5. *Jesus* als Geständiger? —— 24

IV. Ergebnis —— 35

I. Die Bibel als historische Quelle

Die Bibel als ein historisches Auskunftsmittel für spezifisch rechtliche Fragen zu nutzen, ist ein Wagnis, das wenigstens einiger einleitender Worte der Rechtfertigung bedarf. Zunächst einmal ist aber mit allem Nachdruck darauf zu verweisen, dass es in den nachfolgenden Ausführungen nicht um eine religiös-theologische Aussage geht. Glaubensfragen bleiben explizit unbeantwortet; zumindest ist das die Absicht des Verfassers dieser Zeilen.

Gleichwohl bleibt das Wagnis, dass dann, wenn man die Bibel dazu hernimmt, um an sie rechtshistorische Fragen zu stellen, man sich an ein Medium wendet, das darauf an sich gar keine Antworten liefern will. Denn die eigentlichen Intentionen der Verfasser sind auf ganz andere Dinge als eine akkurate Information der nachfolgenden Epochen über Fakten und Geschehensverläufe gerichtet. Infolgedessen muss man als Fragender, wenn man sich denn schon nicht von vornherein zurückhalten will, zumindest vorsichtig sein und sich vor Augen führen, in welche Fallen man dabei tappen kann.

Gemessen an der Knappheit des hier zu untersuchenden Texts – also der Bericht vornehmlich des *Markus* von gerade mal fünf Versen, 15.1–5 (bei *Matthäus* sind es sogar nur vier, 27.11–14), besteht die immense Gefahr, dass kleinste Abweichungen zu immer größer werdenden Missverständnissen und Missdeutungen führen können. Dies umso mehr, als beispielsweise *Egon Friedell* in seiner monumentalen „Kulturgeschichte der Neuzeit" gleich einleitend in beeindruckender Manier aufgezeigt hat, dass die Rekonstruktion des Vergangenen – wie es also „wirklich gewesen ist" – unmöglich ist.[1] Dieselbe resignierende Aussage hat erst kürzlich *Julia Küppers* in ihrer Dissertation präzise nachgewiesen – dabei gar auf eine Fragestellung rekurrierend, zu der es sogar auch heute noch Zeitzeugen gibt.[2]

Umso vermessener ist es also, sich einen Text von vor 2000 Jahren vorzunehmen und ihn daraufhin zu untersuchen, ob bzw. was sich in dem Beschriebenen an römisch-rechtlichen Anhaltspunkten finden lässt. *Markus* hatte wie auch seine drei, die kanonischen Evangelien verfassenden Mitautoren die Absicht, einen Text zu schreiben, der Wirken und Wunder des Messias, des Sohnes Gottes auf Erden, festhalten sollte. Auch wenn die Evangelien das Leben *Jesu* in biographischer Gestalt präsentieren, beabsichtigen sie doch mit ihren Werken in allererster Linie, die ihnen vorschwebende Glaubensaussage zu vermitteln. Dagegen kommt es ihnen beim Schreiben nicht darauf an, ein lexikalisch abrufbares

---

[1] *Egon Friedell*, Kulturgeschichte der Neuzeit, Sonderausgabe 2007, S. 3–56.
[2] *Küppers*, Die wahre Wahrheit über die Bodenreform – Theoretische Betrachtungen rechtsgeschichtswissenschaftlicher Praxis, 2014.

Register, gleichsam ein Curriculum Vitae, der einzelnen Lebensetappen *Jesu* zu erstellen. *Steinwenter* betont daher zu Recht, dass die Evangelien keine Protokollliteratur sind,[3] d. h. der Evangelist bezweckt mit seiner Schrift primär etwas anderes als die exakte Darstellung des historischen Ablaufs.

Als weitere Schwierigkeit kommt zu dieser zweckorientierten Darstellungsweise der Autoren noch hinzu, dass diese Texte eine welthistorisch einzigartige Wirkungsgeschichte vorzuweisen haben. Seit buchstäblich zwei Jahrtausenden haben sich die Evangelien in die Bewusstseinsgehalte praktisch der gesamten westlichen Welt eingeprägt, so dass zusätzlich zu der Tendenzberichterstattung der Evangelisten sich noch die theologische Tendenzinterpretation[4] von Millennien gesellt und die Texte mit einer Bedeutungsfülle anreichert, die die Spurensuche nach den Fakten noch einmal um Einiges erschwert. Um nur ein Beispiel aus dem nachfolgend behandelten Text zu nennen: Wer sich den Bericht des *Markus* durchliest, findet dort nicht den geringsten Anhaltspunkt für das allseits berühmte Händewaschen des *Pilatus*; das bringt erst *Matthäus* (27.24), in abgewandelter Form und ausführlicher dann auch *Lukas* (23.13) und *Johannes* (19.4). Und doch schwingt dieses Wissen von der angeblichen Aussage des römischen Präfekten bei jedem Gespräch über diesen Teil der Leidensgeschichte *Jesu* mit – ob wir wollen oder nicht. Umso schwerer ist es dann, den Text des *Markus* so zu nehmen, wie er nun einmal dasteht.

1. Historische Informationen

Natürlich sind die hier beschriebenen Probleme keine Besonderheiten gerade nur der Bibel. Zu weiten Teilen ist zumindest die ältere, ganz besonders die antike Geschichte angewiesen auf literarische Darstellungen, für die mutatis mutandis dieselben Schwierigkeiten bestehen. Niemandem der antiken Autoren kann auch nur ansatzweise untergeschoben werden, dass er seine Texte – und seien sie vom

---

3 *Steinwenter*, Rez. von *Blinzler*, Der Prozeß Jesu, 2. Aufl., Rivista internazionale di diritto romano e antico (IURA) 7, 1956, S. 263; s. auch *Marxen*, Das Neue Testament als Buch der Kirche, 1967, S. 72 ff.
4 So etwas kann natürlich auch unbeabsichtigt erfolgen – mit der Folge, dass möglicherweise so mancher Bericht über Christenverfolgungen (etwa der von *Euseb*, E.H. V.1.37 ff.) die wahren Ursachen dieser Verfolgungen verkennt; der Bedarf nach Opfern für die im ganzen Reich stattfindende Spiele und Theateraufführungen (höchst eindrucksvoll hierzu nach wie vor *Fellinis* Verfilmung des Satyrikon von *Petronius*) muss immens gewesen sein, vgl. *Paulus*, Rez. von *Hopkins*, Death and Renewal, 1983, ZRG, rom. Abt. 103, 1986, S. 514, 517 f.

Autor auch noch so als authentisch deklariert[5] – mit der Ahnung geschrieben habe, dem präzisen Informationsbedürfnis modernen Wissenschaftsbetriebs Genüge tun zu wollen. Die Sprachwissenschaft hat uns überdies dafür hinreichend empfindsam gemacht, dass jeder Bericht subjektiv angereichert ist.

Und doch ist es legitim, sich unbeschadet dieses äußerst schwankenden Bodens auf ihm bewegen zu wollen. Wie immer die Arche Noah ausgesehen haben mag, Tsunamis hat es vielfach in der Weltgeschichte gegeben. Folglich ist es zulässig, die Bibel daraufhin zu untersuchen, ob sie nicht vielleicht einen von ihnen in dieser Geschichte thematisiert. Genauso gerechtfertigt ist es dann auch, mit modernen naturwissenschaftlichen Methoden zu untersuchen, was es denn mit der Teilung des Roten Meeres auf sich haben mag, die die letzte Rettung für *Moses* und das von ihm geführte Volk Israel vor der Verfolgung des ägyptischen Heeres gewesen ist. Nicht minder legitim ist es, die Geschichte *Josephs* in Ägypten daraufhin zu überprüfen, ob sie mit der monotheistischen Ausrichtung der berühmten El-Amarna-Zeit des Pharao Ach-en-aton (*Echnaton*) in Übereinstimmung gebracht werden kann. Und aus dem Neuen Testament mag als Beleg genügen, die allein schon geographisch enorme Reisespanne des *Apostel Paulus* als Beleg für die Effizienz der römischen Herrschaftsmacht – und hier insbesondere der *Pax Augusta* – zu nehmen.

Man kann diese Fragestellungen nicht nur beliebig erweitern, man kann sie auch noch feiner einstellen, indem man sich etwa bei der Frage nach den damaligen Opferritualen die allbekannte Szene der *Jonas*-Geschichte ansieht, bevor er vom Walfisch aufgefangen und an Land gebracht wird. Auf der Flucht vor Gottes Auftrag, als Prophet zu wirken, versucht er, auf dem Schiff einiger Fischer über das Meer zu fliehen. Er weiß sofort, was „Sache" ist, als ein heftiger Sturm ausbricht und wendet sich an Bord reumütig zu den verängstigten Fischern und enthüllt ihnen, dass er die Schuld an diesem Unwetter trage. Um Gott zu besänftigen, müsse er zurück. Das freilich tut er nicht etwa, indem er selbst über die Reling springt und damit die Dinge klärt; nein – er sagt zu den Fischern, dass sie ihn über Bord werfen sollen. Sie tun das und verschwinden damit aus der weiteren Geschichte. Unser heutiges psychologisches Empfinden provoziert aber die Frage, was denn *Jonas* motiviert haben mag, den anderen die Tötungshandlung aufzubürden.

---

5 Ein spannender Beleg hierfür ist der berühmte Brief des jüngeren *Plinius*, in dem er seinem Onkel, *Plinius dem Älteren*, ein Monument reinen Forschergeistes errichtet, das die Nachwelt nahezu durchgängig so akzeptiert hat. In der Dekonstruktion dieses Briefes durch *Umberto Eco* erweist sich dieser „Forscher" jedoch als ein sehr naiver und geradezu ignoranter Tölpel; vgl. *Umberto Eco*, Über Spiegel und andere Phänomene, 1985, S. 223 ff.

Meine Antwort darauf ist, dass es bei einem Opfer für Gott nicht angeht, gleichsam als Freiwilliger vorzutreten und sich selbst darzubieten; das geht vermutlich erst seit dem Protestantismus. Dem rituellen Duktus einer Opferung entspricht es vielmehr, dass das bzw. der zu Opfernde Gott dargereicht wird. Und dafür sind die Hände anderer erforderlich. Mein Lehrer *David Daube* sieht demgegenüber diese Szene als einen Beleg für die Verpöntheit von Selbstmord in der Antike.[6] Was auch immer hier die richtige Interpretation ist, die mit vollkommen anderer Motivation geschriebene Geschichte gibt zumindest Fingerzeige für Fragestellungen, die den modernen Historiker zum Forschen einladen.

2. Rechtshistorische Informationen

Nicht viel anders verhält es sich, wenn man mit spezifischeren rechtshistorischen Fragen an die Bibel herantritt. Vielleicht hat man es hier sogar einfacher als dort. Denn die jüdische Tradition, in der die Evangelisten groß geworden sind,[7] beinhaltete, dass die Glaubenslehre praktisch identisch mit der Rechtslehre ist. Und das Alte Testament ist ein Buch des Rechts, wie bekanntlich allein schon das Gesamtwerk der fünf Bücher Mose die jüdische Torah ausmacht.[8]

Aus der Apostelgeschichte (22.23) erfahren wir, dass der *Apostel Paulus* in Jerusalem (wieder einmal) einen Aufruhr bei den Leuten ausgelöst hat, in dessen weiteren Verlauf er wiederholt geschlagen werden soll und schließlich vor dem römischen Oberst landet.[9] Dem stellt er die berühmte Frage, ob es ihm erlaubt sei, einen römischen Bürger zu schlagen. Eine rhetorische Frage, weil dies ohne vorherigen rechtgültigen Bescheid auf Grund der *provocatio ad populum* gerade untersagt war. Dies gehörte zu den Privilegien, die es gerade in jener Zeit für die

---

6 *Daube*, Jonah: A Reminiscence, J. of Jewish Studies 34, 1983, hier zitiert nach: Biblical Law and Literature, Collected Works of David Daube, hrsgg. von Carmichael, Vol. 3, S. 871, 877 Fn. 20.
7 Eindrucksvoll dazu *Daube*, Das Alte Testament im Neuen: aus jüdischer Sicht, Xenia 10 (Konstanzer Althistorische Vorträge und Forschungen) 1984, S. 7 ff.; s. auch *Gunneweg*, Vom Verstehen des Alten Testaments, 2011, passim. Speziell zu dem Verleugnungsbericht des Petrus bei Markus, 14.66 ff., *Daube*, Limitations on Self-Sacrifice in Jewish Law and Tradition, Theology 72, 1969, S. 291, 293.
8 Zum Ganzen *Carmichael*, The Spirit of Biblical Law, 1996; *Otto*, Recht im antiken Israel, in: Manthe (Hrsg.) Die Rechtskulturen der Antike, 2003, S. 151, 160 ff. S. auch die einleitenden Bemerkungen von *Nörr*, Die Evangelien des Neuen Testaments und die sogenannte hellenistische Rechtskoine, in: Historiae iuris antiqui (= ges. Schriften) Bd. 1, 2003, S. 125 f.; *Ders.*, Civil Law in the Gospels, ebd. (H.i.a.) S. 477 ff.
9 Eine anschauliche Beschreibung der Szene findet sich etwa bei *Bradford*, Die Reisen des Paulus, 1979, S. 230 f., oder auch bei *Prinz*, Der erste Christ, 2007, S. 200 ff.

Menschen im römischen Reich so ungeheuer attraktiv machte, dieses Privileg der Bürgerrechtsverleihung zu erhalten.[10] Als Bürger von Tarsos profitierte *Paulus* davon, dass den Bürgern dieser Stadt in toto das Bürgerrecht verliehen worden war.[11] Doch man fragt sich natürlich, wieso allein diese rhetorische Frage den Oberst davon abgehalten hat, den ihm übergebenen Schuldigen schlagen zu lassen. Wir Heutigen würden doch zumindest die Vorlage eines Ausweises oder eines irgendwie bestätigenden Dokuments erwarten, von der die Apostelgeschichte nichts erwähnt. Müssen wir gewärtigen, dass man damals auch schon Personalausweise hatte und mit sich führte? Oder gab es besondere Erkennungsmerkmale (Kette, Ring, o. ä.), die gerade und nur römische Bürger als solche auswiesen? Die Antwort ist, dass es wohl tatsächlich entsprechende Dokumente gab – sie wurden *testationes* genannt;[12] doch ob sich das im Falle des *Paulus* tatsächlich als seine Rettung erwies, ist fraglich. Vielleicht ist die Fragestellung allzu neuzeitlich. Denn aus den Memoiren des *Stefan Zweig*[13] erfahren wir, dass er noch vor Beginn des 1. Weltkrieges nach Indien reisen konnte, ohne dafür einen Pass haben zu müssen. Der sei erst später eingeführt worden. Möglicherweise hat man sich ja auch darauf beschränkt, eine Sanktion für den Fall der unberechtigten Anmaßung eines Bürgerrechts vorzusehen – also Abschreckung statt Vorsorge.[14]

Nachdem sich der Prozess *Jesu* vor dem römischen Präfekten *Pilatus* abspielt, erscheint es auf Grund der voranstehenden Überlegungen durchaus legitim, seine Darstellung bei den Evangelisten auch aus der Perspektive des römischen Rechts zu lesen und der Frage nachzugehen, welche Schlüsse sich hieraus ziehen lassen. Genau darum soll es im Folgenden gehen.

---

10 Dazu etwa *Gardner*, Being a Roman Citizen, 1993; *Luig*, ...ut optime iure optimaque lege cives Romani sint, ZGR, rom. Abt., 112, 1995, S. 370 ff.; *Paulus*, Das römische Bürgerrecht als begehrtes Privileg, in: Manthe/v.Ungern-Sternberg (Hrsg.) Die großen Prozesse der römischen Antike, München 1997, S. 100 ff. Speziell zum Apostel Paulus *Lyall*, Slaves, Citizens, Sons, 1984, S. 47 ff.
11 Was freilich viele nicht davon abhält, dem Apostel das römische Bürgerrecht abzusprechen, s. nur *Pilhofer*, einer der 5984072? in Ders. (Hrsg.) Neues aus der Welt der frühen Christen, 2011, S. 63 ff.
12 S. nur *Kaser*, Römisches Privatrecht I, 1971, § 64 II 1, S. 273.
13 *S. Zweig*, Die Welt von Gestern (im letzten Kapitel: Die Agonie des Friedens).
14 So etwa *Weber*, Das römische Bürgerrecht des Apostels Paulus, unter Verweis auf *Suet.*, Claud. 25,3, Tyche, abrufbar unter: http://tyche-journal.at/tyche/index.php/tyche/article/view/45/html_25#_ftn28. Zur Beweisnot allgemein in Bezug auf Dokumente vgl. *Gardner*, Being a Roman Citizen, 1993, S. 182 ff., 186 ff.

II. Das Umfeld des Prozesses

1. Pilatus

Wir wissen sehr wenig über *Pontius Pilatus*; eine verhältnismäßig ausführliche Passage in den *Antiquitates* des *Flavius Josephus* ist so evidentermaßen interpoliert, also erst nachträglich in den Text eingefügt worden, dass sie selbst als mittelbare Quelle kaum zu gebrauchen ist.[15] Nicht wenige Forscher glaubten daher sogar, dass es ihn gar nicht gegeben habe, dass er also keine historische Figur, sondern eine fingierte Person der Evangelisten gewesen sei. Dieser Annahme bereitete im Jahr 1961 der Fund einer unscheinbaren Inschrift in Caesarea Maritima ein Ende; sie belegt, dass *Pilatus* Präfekt von Judäa gewesen ist.[16] Als ein solcher *praefectus civitatis* hatte er umfassende Befugnisse militärischer[17] und ziviler, einschließlich solcher rechtsprechender Art.[18] Er war dabei allerdings nicht unabhängig, sondern stand unter dem Oberbefehl des Statthalters in Syrien.[19] Als *praesidus*, also Chef in seinem regionalen Bereich, dürfte aber auch für *Pilatus* in etwa dieselbe Friedens- oder doch Ruhigstellungsmission gegolten haben, die gut 170 Jahre später *Ulpian* als zentrale Aufgabe eines vorbildlichen Provinzgouverneurs beschreibt:

> D 1.18.13 (Ulp. 7 de off. procons.): „*Es gehört zu einem guten und verantwortungsbewussten Provinzstatthalter, dafür zu sorgen, dass die Provinz, die er verwaltet, friedlich und ruhig ist. Das wird nicht schwer zu erreichen sein, wenn er sich nachdrücklich darum bemüht, die Provinz von*

---

[15] *Flavius Josephus*, AI XVIII.3.1 – 3; vgl. dazu etwa *Albert Schweitzer*, Geschichte der Leben-Jesu-Forschung, 1906/1933, S. 451; *Demandt*, Hände in Unschuld, 1999, S. 68 mwN.

[16] *Alföldy*, P.Pilatus und das Tiberieum von Caesarea Maritima, in: Scripta Classica Israelica 18, 1999, 85 ff.; *Vardaman*, A New Inscription Which Mentions Pilate as 'Prefect', J. of Biblical Literature 81, 1962, S. 70f.; *Demandt*, Hände in Unschuld, 1999, S. 72 ff.

[17] Der militärische Titel *praefectus* wurde unter *Claudius* im Jahr 44 durch den zivilen Titel *procurator* ersetzt, um damit die Befriedung des Reiches auch verwaltungstechnisch – und damit nach außen hin erkennbar – zu demonstrieren; vgl. *Garnsey/Saller*, The Roman Empire, 1987, S. 23.

[18] *Zwicky*, Zur Verwendung des Militärs in der Verwaltung der römischen Kaiserzeit, 1944, S. 11 ff., 35 ff.; *Alföldy*, Das Heer in der Sozialstruktur des Römischen Kaiserreiches, in: Alföldy/Dobson/Eck (Hrsg.) Kaiser, Heer und Gesellschaft in der römischen Kaiserzeit, 2000, S. 51; *Erkelenz*, Die administrative Feuerwehr? – Überlegungen zum Einsatz ritterlicher Offiziere in der Provinzialadministration, in: Haensch/Heinrichs (Hrsg.) Herrschen und Verwalten – Der Alltag der römischen Administration in der Hohen Kaiserzeit, 2007, S. 289 ff.

[19] Zur Organisationsstruktur *Eck*, Rom und Judaea, 2007, S. 23 ff.

Übeltätern frei zu halten und diese zu verfolgen. Er muss nämlich sowohl Tempelräuber, Wegelagerer und Diebe verfolgen sowie einen jeden nach dem, was er begangen hat, aburteilen."[20]

Pilatus residierte normalerweise in Caesarea. Wenn er in Jerusalem war, hielt er sich regelmäßig im Palast des Herodes auf, der allerdings schon 4 v. Chr. verstorben war.[21] Er war der fünfte Präfekt von Judäa, ein gewisser *Coponius* war der erste und sein unmittelbarer Vorgänger war ein *Gratus*. Wie diese war auch *Pilatus* ein Ritter.[22] Das ist wichtig für die weiter unten[23] noch zu erörternde Frage nach dem Schwertrecht, bzw. ob es dem Präfekten überhaupt eingeräumt war.

Wenn damit also zumindest die Existenz des *Pilatus* bewiesen ist, ist die beiläufige Aussage von *Tacitus* in seinen Annalen insofern bedeutsam, als sie den Berichten der Evangelisten eine zumindest im Grundsätzlichen solide Zuverlässigkeit verschafft. *Tacitus* berichtet dort[24] nämlich von *Neros* Christenverfolgungen und fügt an: „Der Name kommt von Christus, der in der Regierungszeit des *Tiberius* vom Procurator *Pontius Pilatus* hingerichtet wurde." Besagte Regierungszeit war von 14 bis 37 n. Chr., passt also recht präzise zur zeitlichen Einordnung, die wir Heutigen bezüglich Leben, Prozess und Hinrichtung *Jesu* vornehmen. Die Aussage lehrt uns, dass der Prozess offenbar in irgendwelchen offiziellen Dokumenten[25] festgehalten war, die *Tacitus* bei der Recherche zu seinen umfangreichen historischen Studien herangezogen hatte.

Insbesondere die jüdischen Schriftsteller *Flavius Josephus* und *Philo von Alexandrien* zeichnen *Pilatus* in Farben, die ihn bestenfalls als unsensiblen, schlimmstenfalls als einen auf Krawall mit der einheimischen Bevölkerung gebürsteten Potentaten dastehen lassen. Dass er Bilder des Princeps *Tiberius* in Jerusalem hat aufstellen lassen – also in einer Stadt, in der es von Gesetzes wegen verboten war, Bildnisse zur Schau zu stellen –, ist als Provokation gewertet worden.[26] Insbesondere *Philo*[27] berichtet davon, dass es erst einer massiven Drohung von Seiten der Bevölkerung bedurfte, um die Aufstellung wieder rückgängig zu machen. Überdies beschreibt *Flavius Josephus*,[28] dass sich *Pilatus* an

---

20 Dazu etwa *Shaw*, Der Bandit, in: Giardina (Hrsg.) Der Mensch der römischen Antike, 1997, S. 337, 355 f.
21 Vgl. *Liebs*, Das Recht der Römer und die Christen, 2015, S. 1.
22 S. nur *Eck* in: Neuer Pauly, Enzyklopädie der Antike, s.v. ‚Praefectus'.
23 Unter III 3.
24 Ann. XV.44.
25 A.A. *Demandt*, Hände in Unschuld, 1999, S. 70.
26 Flavius Josephus, BJ II.2–4.
27 *Philo von Alexandrien*, Legatio ad Gaium XXXVIII.301–303.
28 Ebd. sub 4. S. auch *Flavius Josephus*, AJ XVIII.2.

dem Tempelschatz vergriffen habe zum Zwecke des Baus eines Aquädukts; die nach dieser Entdeckung einsetzenden Tumulte ließ er gewaltsam niederschlagen.

Die durch diese Berichte suggerierte Untragbarkeit des *Pilatus* steht freilich in einem gewissen Widerspruch zu der bemerkenswerten Tatsache, dass der Präfekt für gut zehn Jahre sein Amt in Judäa ausübte, von 26 bis 36/7.[29] Aus römischer Perspektive hat er also vermutlich deutlich weniger Missfallen erregt. Er hat jedoch wohl späterhin ein Gemetzel veranlasst, als sich eine Gruppe von Samaritern auf den Weg zum Berg Garizin machte, um dort heilige Gefäße auszugraben, die *Moses* dort im Erdreich verborgen haben sollte.[30] Das brachte ihm eine Anklage bei *Vitellius* ein, dem ihm übergeordneten Statthalter von Syrien (und Vater des späteren Princeps), in dessen Verlauf er nach Rom zum Rapport vor dem Princeps *Tiberius* geschickt wurde.

In Rom angekommen, war *Tiberius* jedoch bereits verstorben. Was dann mit *Pilatus* geschehen ist, wissen wir nicht, weil alle nachfolgenden Berichte höchst unzuverlässig und spekulativ sind. Er soll durch den Princeps *Caligula* nach Gallien verbannt worden sein, wo er in Vienne laut dem Kirchenvater *Eusebius*[31] Selbstmord begangen habe. In den apokryphen Schriften etwa des Petrusevangeliums oder auch den sog. *Acta Pilati* aus dem Evangelium des *Nicodemus* wird *Pilatus* demgegenüber von seinem Urteilsspruch freigesprochen und zum Heiligen erhoben.[32] Das alles wird sicherlich in weiten Teilen so geglaubt worden sein; historisch belegbar sind diese Berichte aus späterer Zeit jedoch nicht.

2. Messiaserwartung in Jerusalem

Weite Teile der (soeben angedeuteten) Wirkungsgeschichte *Jesu* und des Christentums sind darauf aufgebaut, dass *Pilatus* im Verlauf des Prozesses auf irgendeine Weise das Besondere, die Einzigartigkeit und die Gottähnlichkeit des vor ihm stehenden Angeklagten *Jesus* erkannt habe. Es sind insbesondere die Berichte des *Lukas* und *Johannes*, die diese Vorstellung genährt haben; sie gipfeln darin, dass etwa der Kirchenvater *Tertullian* bereits im 2. nachchristlichen Jahrhundert *Pilatus* als Heiligen gesehen hat.[33]

---

29 *Flavius Josephus*, AJ XVIII.4.2; s. dazu etwa *Berschin* in: Neuer Pauly, Enzyklopädie der Antike, s.v. ‚Pontius Pilatus'.
30 *Flavius Josephus*, AJ XVIII.4.1 f.
31 Historia Ecclesiae II.7. *Eusebius* lebte wohl in der 2. Hälfte des 3. Jhdts. n.Chr. S. überdies *Orosius*, Historiae adversus paganos 7.5.
32 Dazu sogleich noch sub 2.
33 *Tertullian*, Apologeticum 21; hierzu etwa *Demandt*, Hände in Unschuld, 1999, S. 216.

In Anbetracht des hier unternommenen Versuches, sich so eng wie möglich an das tatsächlich historisch Greifbare und damit an (einigermaßen) überprüfbare Fakten zu halten, soll der Streit um die Bewertung der Rolle der römischen Obrigkeit hier außer Acht bleiben. Stattdessen ist aber auf eine im vorliegenden Kontext nur selten thematisierte, möglicherweise aber für die Einordnung der Haltung *Pilatus'* maßgebliche Besonderheit zu verweisen, von der insbesondere *Flavius Josephus* in seinen beiden Büchern *Bellum Judaicum* und *Antiquitates Judaicae* berichtet. Diese Bücher sind geradezu paradigmatisch für ein Geschichtsverständnis, das sich an der Abfolge von Herrschern und ihren Kriegen orientiert. In bemerkenswerter Intensität (die vielfach an die moderne Geschichte des Nahen Osten erinnert) wechseln Krieg mit Frieden, Allianzen mit Feindschaften, Verrat mit Vertrauen.

Und doch finden sich in diesem Durcheinander immer wieder Informationen (auch) über den Alltag etwa in Jerusalem. Dort scheint in der vorliegend interessierenden Zeit, also zu Beginn dessen, was die Christen als „unsere Zeitrechnung" bezeichnen, eine geradezu vibrierende Endzeitstimmung, -erwartung bzw. -befürchtung vorgeherrscht zu haben, die sich nicht nur, aber auch in der Erwartung des unmittelbar bevorstehenden Erscheinens des damals noch nicht so sehr auf individuelle Erlösung ausgerichteten, sondern die Herrschaft über die Völker antretenden Messias ausdrückte.[34]

Von *Flavius Josephus* erfahren wir nun, dass es gleich mehrere Leute zu etwa dieser Zeit gegeben hat, die auf der Straße messianische Botschaften verkündeten. Einer von ihnen – auch er mit dem (weit verbreiteten) Namen *Jesus* – kündigte offenbar (so wie das auch *Jesus Christus* hinsichtlich des Tempels getan hatte[35]) im Jahr 62 n.Chr. den Untergang Jerusalems an, also vier Jahre vor Ausbruch des Jüdischen Krieges:

> *Noch schreckhafter als die angeführten Zeichen war das folgende: Vier Jahre vor dem Ausbruch des Krieges, zu einer Zeit, wo die Stadt noch im tiefsten Frieden und Glücke lebte, kam ein gewisser Jesus, ein Sohn des Ananus, von gemeiner Herkunft und seiner Beschäftigung nach ein Bauer, auf das Fest, an dem alle Juden nach alter Sitte zur Verherrlichung Gottes in Laubhütten wohnen, und begann urplötzlich im Heiligthum laut aufzuschreien: „Eine Stimme vom Aufgang, eine Stimme vom Niedergang, eine Stimme von den vier Winden, eine Stimme über Jerusalem*

---

34 S. etwa *Suet.*, Vesp. 4.; *Tacitus*, Hist. V.13; aber auch Lk. 17.20 f., sowie die Schriftrollen von Qumran, in denen sich wiederholt eine ganz konkrete Messiaserwartung findet; dazu insbes. Charlesworth/Lichtenberger/Oegema (Hrsg.) Qumran-Messianism. Studies on the Messianic Expectations of the Dead Sea Scrolls, 1998. Zum Ganzen der Messiaserwartung der damaligen Zeit *Demandt*, Hände in Unschuld, 1999, S. 109 ff.; *Horsley*, Bandits, Prophets, and Massiahs: Popular Movements at the Time of Jesus, 1999, S. 88 ff.
35 Mk. 13.2.

> *und den Tempel, eine Stimme über Bräutigam und Braut, eine Stimme über das ganze Volk!" Diese Worte schrie er bei Tag und bei Nacht, in allen Straßen Jerusalems herumgehend. Einige angesehene Bürgersleute, erbost über das Geschrei des Unglücksraben, ließen den Mann aufgreifen und ihm eine starke Tracht Prügel verabreichen. Der Mensch verlor aber dabei weder ein Wort zu seiner Verteidigung noch beschimpfte er die Personen, die ihn schlugen, sondern immer wieder kam nur derselbe Ruf über seine Lippen. Die obersten geistlichen Behörden, welche hinter der seltsamen Unruhe des Menschen eine höhere Macht zu erblicken glaubten, worin sie gewiss das Rechte trafen, stellten den Mann vor das Gericht des damaligen römischen Landpflegers, der ihn mit Geißelstreichen solange peitschen ließ, bis man auf seine Gebeine sehen konnte. Aber er flehte nicht, er weinte nicht, sondern in dem jämmerlichsten Tone, den er nur seiner Stimme geben konnte, begleitete er jeden Streich bloß mit den Worten: „Wehe, wehe Jerusalem!" Auf alle Fragen des Albinus – so hieß der damalige Landpfleger – wer er sei, und woher er stamme, und warum er denn immer so schreie, hatte er gar keine Antwort, dafür aber wiederholte er unausgesetzt den Klageruf über die Stadt, bis endlich Albinus auf Narrheit erkannte und den Mann entließ.*[36]

In der Zeit zwischen 44 und 46, als *Fadus* (erster[37]) Prokurator in Judaea gewesen ist, hat ein gewisser *Theudas* gewirkt:

> *Theudas [bewog] eine ungeheure Menschenmenge, ihm unter Mitnahme ihrer gesamten Habe an den Jordan zu folgen. Er gab sich nämlich für einen Propheten aus und behauptete, er könne durch sein Machtwort die Fluten des Jordan teilen und seinem Gefolge einen bequemen Durchgang ermöglichen. Durch solche Spiegelfechtereien gelang es ihm, viele zu täuschen. Indes duldete Fadus nicht, dass ihr sinnloses Treiben Schaden stifte, indem er eine Abteilung Reiter gegen sie aussandte, die unversehens über sie herfiel, viele von ihnen tötete und andere in Gewahrsam brachte. Theudas selbst geriet ebenfalls in Gefangenschaft, worauf er enthauptet und sein Kopf nach Jerusalem gebracht wurde.*[38]

Um die Zeitenwende herum, unter der Statthalterschaft des *Quinctilius Varus* in Syrien, beanspruchten eine Reihe von Leuten die Königswürde: ein *Judas*;[39] ein *Simon*,[40] dessen zwischenzeitliche Erfolge offenbar auch mindestens einen Trittbrettfahrer zu vergleichbarem Auftreten ermutigt hatte; ein *Athronges*.[41] Diese Auflistung fasst *Josephus* folgendermaßen zusammen:

> *So war Judaea eine wahre Räuberhöhle, und wo sich nur immer eine Schar von Aufrührern zusammentat, wählten sie gleich Könige, die dem Staate sehr verderblich wurden.*[42]

---

36 BJ VI.5.300–309.
37 S. oben Fn. 17.
38 *Flavius Josephus*, AJ. XX.5.1; s. auch Apg. 5.36.
39 *Flavius Josephus*, AJ. XVII.10.5; s. auch BJ II.4.1.
40 *Flavius Josephus*, AJ. XVII.10.6.
41 *Flavius Josephus*, AJ. XVII.10.7.
42 *Flavius Josephus*, AJ. XVII.10.8.

Derlei Königsanmaßungen gehören deswegen in den vorliegenden Kontext, weil der Begriff Messias die gräzisierte Form des hebräischen *maschich* ist, was so viel wie ‚der Gesalbte' heißt, auf Griechisch: Χριστὸς, auf Lateinisch: Christus.[43] Es war nämlich Kennzeichen eines jüdischen Königs, dass er als Zeichen seines Amtes gesalbt wurde.

3. Zwischenresultat

Fasst man die beiden voranstehenden Darstellungen zu einem Résumé zusammen, wird man über *Pilatus* also mindestens sagen dürfen, dass er nicht wirklich ein Kenner und Freund des Judentums gewesen ist, der sich intensiv mit den Interna seiner Untertanen auseinandergesetzt hat. Nimmt man dann noch die zwar nicht alltägliche, doch aber auch nicht exzeptionelle Reklamation eines jüdischen Bürgers hinzu, eine religiös-politisch herausgehobene Position innezuhaben – was bislang immer noch und auch nachher als ein Aufruhrversuch gewertet und bestraft wurde –; wenn man das also in Rechnung stellt, wird man den Gedanken ernsthaft erwägen dürfen oder gar müssen, dass *Pilatus* in dem ihm vorgeführten *Jesus* eben nicht das Besondere, das Einzigartige und den Messias[44] gesehen hat. Es steht vielmehr vermuten, dass dieser Prozess – vielleicht mit Ausnahme des nachfolgenden Freilassungsangebots, denn das gab es nur selten – keinerlei größere Verwunderung beim Präfekten ausgelöst hat, sondern gleichsam *business as usual* war.[45] Das ergibt sich auch so, wie alsbald zu zeigen sein wird, aus dem Bericht des *Markus*.

---

43 Hierzu etwa *Horsley*, Bandits, Prophets, and Massiahs: Popular Movements at the Time of Jesus, 1999, S. 89 ff.
44 Die Annahme, dass die Grundfrage des Prozesses durchgängig die Messiasfrage gewesen sei, ist aus historischer Betrachtungsperspektive schwerlich haltbar, so aber *Hengel/Schwemer*, Jesus und das Judentum, 2007, S. 601 ff. Es wird ebenfalls wohl viel zu viel in diesen Prozess hineingelesen, wenn man ihn als „politischen Prozess" sieht, so *Ben-Chorin*, Bruder Jesus, 1977, S. 158.
45 Lesenswert zu diesem Aspekt die Kurzgeschichte *Anatol France' Le Procurateur de Judée*.

III. Der Prozess

Die vorstehend angedeuteten Unterschiede in der Beurteilung der Rolle des *Pilatus* in dem uns hier beschäftigenden Prozess[46] erschweren eine nüchterne Beurteilung. Denn auch heute noch gibt es unzählige Autoren, die auch diesen Teil der Leidensgeschichte *Jesu* zum Streitfeld auserkoren haben. Auf ihm zeigt jede Seite gern, wenn auch teilweise versteckt, der anderen den Finger. Üblicherweise sind die (mehr oder minder offen verfochtenen) Alternativen die, dass der römische Statthalter und Richter entweder Opfer massiver Erpressungen und sein Urteil ein ihm abgerungenes (diese Interpretation beruht vor allem auf Joh. 19.12 und 15[47]), oder dass *Pilatus* der Hauptakteur bei der Hinrichtung Jesu ist. Eine ausgewogene, weil sachliche Darstellung wie die von *Otto Betz*[48] wirkt wohltuend, ist aber selten.

1. Die vier Berichte

Aus Sicht eines Historikers ist die Quellenlage zu dem vorliegenden Thema geradezu optimal. Die luxuriöse Ausgangslage, dass ein und dasselbe Ereignis von vier verschiedenen Autoren überliefert ist, ist gleichsam ein Glückstreffer. Ist man doch sonst gerade in der Altertumswissenschaft in vielen, wenn nicht gar den meisten Fällen auf maximal eine Dokumentation angewiesen, die in den nicht seltenen Fällen, in denen es sich dabei um einen Papyrus oder eine Inschrift handelt, gar noch zerstückelt sein mag.

Und doch schafft gerade die Überfülle der vorliegenden Quellenlage neue Probleme für die Erfassung des Geschehensvorgangs. Das hängt zum einen mit den Unterschieden im Detail zusammen, zum anderen mit dem Verhältnis der Evangelien zueinander. Was jenes Problem anbelangt,[49] so berichtet beispielsweise allein *Lukas*[50] (23.6 ff.) von dem Verhör *Jesu* durch *Herodes Antipas*; *Johannes*

---

[46] Die Literatur zu diesem Prozess ist geradezu uferlos; die hier verwendeten Publikationen sind bestenfalls ein minimaler Ausschnitt aus dem Gesamtkomplex, an dessen Diskussion sich neben Theologen und Juristen auch etwa Mediziner beteiligen, wenn es um die Diagnose etwa der Todesursache geht.
[47] Vgl. etwa *Mayer-Maly*, Das Auftreten der Menge im Prozeß Jesu und in den ältesten Christenprozessen, Österr. Archiv für Kirchenrecht 6, 1955, S. 231 ff.
[48] ANRW II. 25. 1; S. 565 ff.
[49] Zum Folgenden *Biser*, Prozess und Kreuzestod, in: Wenz (Hrsg.) Christus – Jesus und die Anfänge der Christologie, 2011, S. 262, 263 f.
[50] Zu Lukas' Verbindung zu den Weisheitszirkeln aufschlussreich *Daube*, Neglected Nuances of Exposition in Luke-Acts, ANRW II.25.3, 1984, S. 2329 ff.

ist der einzige, der von dem Gespräch zwischen *Jesus* und *Pilatus* berichtet (18.33 ff.);[51] nur bei *Markus* (14.50) und *Matthäus* (26.56) fliehen die Jünger bei der Verhaftung; bei *Matthäus* (26.57) leitet *Kaiphas* das Verfahren, bei *Johannes* (18.13) *Hannas*, bei *Markus* (14.53) und bei *Lukas* (22.54) dagegen der „Hohepriester"; etc.

Für das nicht unproblematische Verhältnis der Evangelien zueinander gilt Folgendes: Lässt man die auf dem Konzil von Nicäa im Jahr 325 aus dem offiziellen Kanon ausgeschiedenen Apokryphen Evangelien unberücksichtigt,[52] sind die vier Evangelien nach heutigem Verständnis unterteilt in die der sogenannten Synoptiker und in das des *Johannes*.[53] Die Synoptiker *Markus*, *Matthäus* und *Lukas* werden deswegen zusammengefasst, weil an ihnen erkennbar ist, dass *Matthäus* und *Lukas* auf der Vorlage des ihnen offenbar zugänglichen Markus-Evangeliums gearbeitet haben. *Markus* seinerseits hat möglicherweise[54] *Petrus* in Rom getroffen und hat von ihm eine Fülle von Informationen über das Leben *Jesu* erhalten.[55]

Johannes dagegen hat sein Evangelium offenbar erst einige Jahrzehnte später geschrieben. Eines der Indizien dafür ist die bei ihm geradezu inflationäre Verwendung des Wortes „Juden". Er ist damit recht eigentlich der Begründer des scharfen Gegensatzes zwischen Christen hier und Juden dort.[56] Und genau das lässt die Vermutung zu, dass *Johannes* sein Evangelium mit der Motivation geschrieben hat, den römischen Lesern gleichsam einzuhämmern, dass die beiden Glaubensgruppen nicht identisch sind. Dann ist seine Darstellung höchstwahrscheinlich durch die öffentlich hinreichend zur Schau gestellten Christenverfolgungen bzw. -tötungen (etwa des *Nero*[57]) motiviert. Es steht nämlich zu vermuten,

---

51 Zum Sprachenproblem s. noch unten sub 2.
52 S. bereits oben II 1 a.E. Zu den apokryphen Evangelien s. etwa *Weidinger*, Die Apokryphen – Verborgene Bücher der Bibel, 1985; auf S. 491 ein „Brief des Pilatus", der Hauptauslöser dafür war, dass *Pilatus* gerade bei den Kopten als Heiliger verehrt wurde.
53 Dazu etwa *Reinbold*, Der älteste Bericht über den Tod Jesu, 1994, S. 30 ff.
54 In den theologischen Schriften überwiegt offenbar die Annahme, dass es einen geschriebenen Passionsbericht gegeben habe, auf den *Markus* aufgebaut hat, vgl. nur *Strecker*, Die Passionsgeschichte im Markusevangelium, in: Horn (Hrsg.) Bilanz und Perspektiven gegenwärtiger Auslegung des Neuen Testaments (Symposium zum 65. Geburtstag von Georg Strecker) 1995, S. 218 ff.; *Biser*, Prozess und Kreuzestod, in: Wenz (Hrsg.) Christus – Jesus und die Anfänge der Christologie, 2011, S. 262, 264.
55 Diese Aussage kann ich freilich nicht verifizieren; da sie mir aber *David Daube* mitgeteilt hat, wähne ich mich berechtigt, sie in dieser hypothetischen Form mitzuteilen. *Liebs*, Das Recht der Römer und die Christen, 2015, S. 6, ist dagegen der Ansicht, dass *Markus* sein Evangelium in Syrien geschrieben habe.
56 Zum Verhältnis der beiden Religionen zueinander in den Anfängen unserer Zeitrechnung nach wie vor aufschlussreich *Friedlaender*, Neudruck 1996, Sittengeschichte Roms, S. 868 ff.
57 *Suet* 16.2; *Tac*. Ann. XV.44.2 ff.

dass er diese Andersartigkeit deswegen hervorgehoben hat, um nur ja nicht mit den Juden in „einen Topf" geworfen zu werden. Denn die standen bei den Römern gar nicht in gutem Ruf, wie allein schon der Krieg der späteren *principes Vespasian* und *Titus* zeigt, in dessen Verlauf letzterer den Tempel in Jerusalem schleifen ließ und anschließend die heute noch im Titus-Bogen auf dem Forum Romanum jedermann zugängliche Erniedrigungsszene gestaltete, die Heiligtümer dieses Tempels in Rom auf seinem Triumphzug entlang der *via sacra* offen zur Schau zu stellen.

Man wird angesichts dieser Besonderheit des Johannes-Evangeliums sagen dürfen, dass die Weltgeschichte womöglich anders verlaufen wäre ohne dieses Buch. Man höre sich nur einmal ganz aufmerksam die Johannespassion von *J.S. Bach* an. An der Stelle, wo es beispielsweise um das Angebot des *Pilatus* geht, *Jesus* (anstelle von *Barrabas*) freizulassen, antworten „die Juden": „Lässest du den frei, bist du des Kaisers Freund nicht mehr". Dahinter steckt eine massive politisch-rechtliche Drohung, die *Johann Sebastian Bach* damit zum Ausdruck bringt, dass er die harmonische Melodie des Chores mit einem scharfkantig-spitzen Flötenstakkato zerstückelt.[58]

Wenn *Johannes* also das spätest geschriebene (und somit das jüngste) Evangelium ist und sich die Berichte über den exakten Geschehensablauf ohnedies nicht völlig zur Deckung bringen lassen, empfiehlt sich aus der Perspektive eines nur am historischen Geschehensablauf Interessierten, dieses Evangelium weitestgehend zu ignorieren. Denn in ihm droht der ohnedies höchst subjektiv dargestellte Bericht (vgl. dazu oben sub I) durch zusätzliche Motivationen angereichert zu sein, die theologisch durchaus bedeutsam sein mögen, der Faktensuche aber abträglich sind.

Was die zeitliche Reihenfolge der Abfassung der synoptischen Evangelien anbelangt, so steht *Markus* wohl am Anfang; sein Bericht dürfte zumindest nach wohl herrschender Ansicht der älteste sein.[59] Akzeptiert man diese Prämisse, liegt es aber nahe, allein auf seine Darstellung zu rekurrieren. Während nämlich *Matthäus* und *Lukas* den markanischen Bericht eingesehen haben, hatten auch sie

---

[58] Stellen wie diese handeln auch heute noch *Bach* den gelegentlichen (und dabei den Anteil der Vorlage übersehenden) Vorwurf des Antisemitismus ein, vgl. nur *Eric Siblin*, The Cello Suites – J S Bach, Pablo Casals and the search for a baroque masterpiece, 2009, S. 139.

[59] Statt vieler *Hengel*, Die vier Evangelien und das eine Evangelium von Jesus Christus, 2008, S. 141 ff. (mit dem Hinweis darauf, dass dieses Evangelium das „früheste nachweisbare Evangelium" ist); *Daube*, Zukunftsmusik: Some Desirable Lines Of Exploration In The New Testament Field, Bull. of the John Rylands Library 68, 1985, S. 53 ff. S. auch *Liebs*, Das Recht der Römer und die Christen, 2015, S. 6.

Anlass, diesen ihrerseits zu ergänzen und vielleicht sogar auszuschmücken. Auch wenn das vielleicht nur ein Verdacht ist; er besteht bei *Markus* nicht.

Auf jeden Fall zeigt die nachstehende Gegenüberstellung allein schon anhand der unterschiedlichen Länge der jeweiligen Berichte, dass die Beschränkung auf die älteste Darstellung des Prozessablaufs einige Plausibilität für sich beanspruchen kann.

(Tabelle 1[60])

Markus 15.1–5	Matthäus 27, 11–14	Lukas 23, 1–16	Johannes 18, 28–38
1 Und alsbald am frühen Morgen hielten die Hohenpriester Rat samt den Ältesten und Schriftgelehrten und das ganze Synedrium, und sie banden Jesus und führten ihn weg und überlieferten ihn dem Pilatus. 2 Und Pilatus fragte ihn: Bist *du* der König der Juden? Er aber antwortete und sprach zu ihm: *Du* sagst es. 3 Und die Hohenpriester klagten ihn vieler Dinge1 an. 4 Pilatus aber fragte ihn wiederum, und sprach: Antwortest du nichts? Siehe, wie vieles sie gegen dich zeugen! 5 Jesus aber antwortete gar nichts mehr, so daß Pilatus sich verwunderte.	11 Jesus aber stand vor dem Statthalter. Und der Statthalter fragte ihn und sprach: Bist *du* der König der Juden? Jesus aber sprach zu ihm: *Du* sagst es. 12 Und als er von den Hohenpriestern und den Ältesten angeklagt wurde, antwortete er nichts. 13 Da spricht Pilatus zu ihm: Hörst du nicht, wie vieles sie gegen dich zeugen? 14 Und er antwortete ihm auch nicht auf ein einziges Wort, so daß der Statthalter sich sehr verwunderte.	1 Und die ganze Menge derselben stand auf, und sie führten ihn zu Pilatus. 2 Sie fingen aber an ihn zu verklagen, indem sie sagten: Diesen haben wir befunden als einen, der unsere Nation verführt und wehrt, dem Kaiser Steuer zu geben, indem er sagt, daß er selbst Christus, ein König, sei. 3 Pilatus aber fragte ihn und sprach: Bist du der König der Juden? Er aber antwortete ihm und sprach: *Du* sagst es. 4 Pilatus aber sprach zu den Hohenpriestern und den Volksmengen: Ich finde keine Schuld an diesem Menschen. 5 Sie aber bestanden darauf und sagten: Er wiegelt das Volk auf, indem er durch ganz Judäa hin lehrt, anfangend von Galiläa bis	28 Sie führen nun Jesus von Kajaphas in das Prätorium; es war aber frühmorgens. Und *sie* gingen nicht hinein in das Prätorium, damit sie sich nicht verunreinigten, sondern das Passah essen möchten. 29 Pilatus ging nun zu ihnen hinaus und sprach: Welche Anklage bringt ihr gegen diesen Menschen? 30 Sie antworteten und sprachen zu ihm: Wenn dieser nicht ein Übeltäter wäre, würden wir ihn dir nicht überliefert haben. 31 Da sprach Pilatus zu ihnen: Nehmt *ihr* ihn und richtet ihn nach eurem Gesetz. Da sprachen die Juden zu ihm: Es ist uns nicht erlaubt, jemand zu töten; 32 damit das Wort Jesu erfüllt würde, das er sprach, andeutend, was für einen Tod er

---

60 Diese Tabelle dient allein dem graphischen Nachweis der unterschiedlichen Länge der Berichte.

(Tabelle 1) *(Fortsetzung)*

Markus 15.1–5	Matthäus 27, 11–14	Lukas 23, 1–16	Johannes 18, 28–38
		hierher. **6** Als aber Pilatus von Galiläa hörte, fragte er, ob der Mensch ein Galiläer sei. **7** Und als er erfahren hatte, daß er aus dem Gebiet des Herodes sei, sandte er ihn zu Herodes, der auch selbst in jenen Tagen zu Jerusalem war. **8** Als aber Herodes Jesus sah, freute er sich sehr; denn er wünschte schon seit langer Zeit ihn zu sehen, weil er vieles über ihn gehört hatte, und er hoffte, irgend ein Zeichen durch ihn geschehen zu sehen. **9** Er befragte ihn aber mit vielen Worten; *er* aber antwortete ihm nichts. **10** Die Hohenpriester und die Schriftgelehrten standen aber auf und verklagten ihn heftig. **11** Als aber Herodes mit seinen Kriegsleuten ihn geringschätzig behandelt und verspottet hatte, warf er ihm ein glänzendes Gewand um und sandte ihn zu Pilatus zurück. **12** Pilatus und Herodes aber wurden an demselben Tag Freunde miteinander, denn vorher waren sie gegeneinander in Feindschaft. **13** Als	sterben sollte. **33** Pilatus ging nun wieder hinein in das Prätorium und rief Jesus und sprach zu ihm: Bist *du* der König der Juden? **34** Jesus antwortete [ihm]: Sagst du dies von dir selbst, oder haben dir andere von mir gesagt? **35** Pilatus antwortete: Bin *ich* etwa ein Jude? Deine Nation und die Hohenpriester haben dich mir überliefert; was hast du getan? **36** Jesus antwortete: Mein Reich ist nicht von dieser Welt; wenn mein Reich von dieser Welt wäre, so hätten meine Diener gekämpft, damit ich den Juden nicht überliefert würde; jetzt aber ist mein Reich nicht von hier. **37** Da sprach Pilatus zu ihm: Also du bist ein König? Jesus antwortete: *Du* sagst es, daß *ich* ein König bin. *Ich* bin dazu geboren und dazu in die Welt gekommen, damit ich der Wahrheit Zeugnis gebe. Jeder, der aus der Wahrheit ist, hört meine Stimme. **38** Pilatus spricht zu ihm: Was ist Wahrheit? Und als er dies gesagt hatte, ging er

(Tabelle 1) *(Fortsetzung)*

Markus 15.1–5	Matthäus 27, 11–14	Lukas 23, 1–16	Johannes 18, 28–38
		aber Pilatus die Hohenpriester und die Obersten und das Volk zusammengerufen hatte, **14** sprach er zu ihnen: Ihr habt diesen Menschen zu mir gebracht, als mache er das Volk abwendig; und siehe, ich habe ihn vor euch verhört, und habe an diesem Menschen keine Schuld gefunden, betreffs dessen ihr ihn anklagt; **15** aber auch Herodes nicht, denn ich habe euch zu ihm gesandt, und siehe, nichts Todeswürdiges ist von ihm getan. **16** Ich will ihn nun züchtigen und losgeben.	wieder zu den Juden hinaus und spricht zu ihnen: *Ich* finde keinerlei Schuld an ihm;

2. Gerichtssprache

Wie sehr der heutige Leser den Bibeltext bereits verinnerlicht hat, wird an einem im Grunde genommen ganz banalen Problem ersichtlich, das jedem von uns aus dem eigenen Leben geläufig ist, das wir aber üblicherweise komplett ausblenden, wenn wir uns den Verlauf des Pilatus-Prozesses vor Augen führen: letzterer war Römer, der Angeklagte *Jesus* Aramäer. Als solche haben sie natürlich unterschiedliche Sprachen gesprochen. Man braucht nicht auf den Turmbau zu Babel und seine Konsequenzen der Sprachenverwirrung zu rekurrieren,[61] um zu gewärtigen, dass auch in der Antike die Verständigung über Sprachgrenzen hinweg schwierig gewesen ist. Man lese nur in der Apostelgeschichte 21.37, wo *Apostel Paulus* den römischen Hauptmann um ein Gespräch bittet: ganz überrascht ant-

---

[61] Genesis 11, 7.

wortet der: „Kannst du griechisch?". Bei dem uns hier beschäftigenden Prozess werden Kommunikationsprobleme jedoch nicht einmal angedeutet, weder in den Evangelien noch in der zu diesem Prozess verfassten Literatur.

Es spricht aber gleichwohl eine gewisse Wahrscheinlichkeit dafür, dass *Jesus* nicht griechisch (und wohl ganz sicher nicht lateinisch) konnte, und dass *Pilatus* nicht des Aramäischen mächtig war. Wenn das tatsächlich so gewesen sein sollte, hat also ein Dolmetscher aushelfen müssen. In diesem Fall sind allerdings all die feinsinnigen Gedanken und Überlegungen, die dem (nachfolgend, sub 5, zu erörternden) Wortwechsel zwischen *Pilatus* und *Jesus* gewidmet werden, so gut wie hinfällig. Dann nämlich geht es nicht um Nuancen des Gesagten, Gemeinten bzw. Verstandenen, sondern um mehr oder minder grobschlächtige Aussagen;[62] das ist nun einmal so im alltäglichen Gerichtsgeschehen.

Dass man sich auch in der Antike der Hilfe von Dolmetschern vergewissert hat, ist an sich eine ebenso selbstverständliche wie banale Aussage. Wenn es denn dafür irgendwelcher Belege bedarf, mögen etwa die Erwähnung eines beruflichen Dolmetschers (*interpres*) bei *Cicero*[63] bzw. die autobiographische Notiz des *Flavius Josephus*[64] dienen: Anlässlich der Belagerung Jerusalems durch den späteren Princeps *Titus* war letzterer offenbar immer wieder auf eine einvernehmliche Beendigung des Krieges aus:

> ... und unterbrach seine kriegerischen Anstalten immer wieder durch Friedensvorschläge. Ueberzeugt davon, dass das Wort oft weit schneller zum Ziele führe, als das Schwert, mahnte er sie persönlich zu wiederholtenmalen, die fast schon genommene Stadt zu übergeben und damit auch das eigene Leben zu retten. Endlich schickte er auch noch den Josephus an sie mit der Weisung ab, mit den Juden in ihrer Muttersprache zu unterhandeln, weil er dachte, dass sie sich von einem Landsmann leichter zum Nachgeben bestimmen lassen würden.

Während die beiden genannten Autoren auf außerjuristische Kommunikationsprobleme Bezug nehmen, findet sich in den Digesten immerhin ein Hinweis auf Sprachdifferenzen im materiell-rechtlichen Bereich, genauer anlässlich der Diskussion, ob eine schuldrechtliche Verpflichtung (*obligatio*) auch dann wirksam zustandekommt, wenn die Parteien unterschiedliche Sprachen bei der Eingehung der Verbindlichkeit verwandt haben:

---

[62] Zur Subjektivität und der Gefahr der inhaltlichen Verzerrungen durch Dolmetscher sehr lesenswert der Roman von *Marias*, Mein Herz so weiss, dt. 1992.
[63] *Cicero*, In Verrem II, liber III.37(84).
[64] *Flavius Josephus*, BJ V, 361; dazu etwa *Schreckenberg* s.v. Josephus (Flavius Josephus) in: Reallexikon für Antike und Christentum, Bd. 18, Sp. 761, 767, sowie *Williams*, Romans and Barbarians, 1999, S. 139 ff.

D 45.1.1.6 (Ulp 48 ad Sab): „*Es ist unerheblich, wenn die Antwort in einer anderen Sprache gegeben wird. Wenn also jemand auf lateinisch befragt und die Antwort wird auf griechisch gegeben, entsteht die obligatio, wenn die Antwort nur mit der Frage korrespondiert. Dasselbe gilt auch im umgekehrten Fall. Man kann allerdings Zweifel daran hegen, ob wir das auch auf andere als gerade die griechische Sprache übertragen, etwa auf die punische, assyrische oder irgendeine andere. Sabinus hat sich dazu verlautbart; doch ist es zutreffend, dass jedwede Sprache eine obligatio hervorbringen kann, wenn nur jede Partei die Sprache der anderen entweder selbst versteht oder mittels eines aufrichtigen (verum) Übersetzers.*"

Damit ist freilich immer noch nicht belegt, wie man sich gerade vor Gericht mit Fremdsprachlichkeit beholfen hat. Soweit mir erkennbar, haben wir dafür keine Belege. Deswegen muss es bei dem Unsicherheitsfaktor verbleiben, dass der von Markus (und Matthäus) berichtete Wortwechsel vielleicht auch deshalb nur so knapp war, weil sich eben der Übersetzer knapp gehalten hat.

3. Kompetenzfragen

Hinter dieser Überschrift verbirgt sich ein delikates Problem, das sich zu der Frage zuspitzen lässt, warum eigentlich die Hohepriester *Jesus* dem *Pilatus* vorgeführt haben.[65] Hatte der überhaupt die rechtliche Befugnis, eine Todesstrafe zu verhängen?[66] Das ist keineswegs selbstverständlich, wie alsbald zu zeigen sein wird. Aber auch wenn ein solches Recht bestanden haben sollte, fragt sich immer noch, warum die Ankläger nicht selber zur Tat geschritten sind?

Es geht mithin um die technische Frage, ob *Pilatus* die *potestas* oder das *ius gladii* hatte.[67] Um darauf antworten zu können, muss folgendermaßen differenziert werden: Erstens, was für eine Amtsgewalt mit diesem Terminus überhaupt umschrieben ist; oder – anders formuliert – gegen welchen Personenkreis ist dieses *ius* gerichtet? Und zweitens, hatte *Pilatus* tatsächlich dieses Schwertrecht?

---

65 Vgl. *Liebs*, Das Recht der Römer und die Christen, 2015, S. 10.
66 Aufschlussreich zur grundsätzlichen Einstellung zur Todesstrafe *Kurylowicz*, Lucius Annaeus Seneca über die Todesstrafe, in: Scripta minora selecta, 2014, S. 150 ff.
67 Hierzu *Mommsen*, Römisches Strafrecht, 1899, S. 243 ff.; *Santalucia*, La giustizia penale, in: Altri Studi di Diritto Penale Romano, 2009, S. 63, 81 ff. Zur Unübertragbarkeit dieser Kompetenz s. D 50.17.70, Ulp. I de off. proconsulis.

a) Inhaltsbestimmung

Hinsichtlich des ersten Teilaspekts ist zu bedenken, dass sich der Bedeutungsgehalt des Ausdrucks *ius gladii* in den nachchristlichen Jahrhunderten gewandelt hat. Umfasste er in der Spätzeit das Recht über Leben und Tod der römischen Bürger schlechthin[68], so beschränkte er sich in der Zeit etwa des *Augustus* auf die Kapitalstrafbarkeit über Soldaten[69]. Aus Cassius Dio (53. 14. 5) ergibt sich aber auch, dass ἀρχόμενοι, d.h. Provinziale ohne römisches Bürgerrecht, der Kapitalgerichtsbarkeit unterfielen[70]. Anders als der *Apostel Paulus* hatte *Jesus* kein römisches Bürgerrecht, war also von der Kapitalgerichtsbarkeit des Präfekten erfasst.

b) *Ius gladii* des Pilatus?

Schwieriger ist die Antwort auf die zweite Teilfrage: Dass *Pilatus* das *ius gladii* tatsächlich hatte, erwähnt ausdrücklich *Johannes* in seinem Evangelium (18.31); *Pilatus* bietet den Juden die Auslieferung *Jesu* an, damit sie ihn gemäß ihrem Gesetz aburteilen können. Die Juden lehnen jedoch ausdrücklich unter Hinweis auf die ihnen fehlende Kompetenz zur Vollstreckung von Todesurteilen ab.

Im Gegensatz zu diesem Befund steht nun nicht nur der Bericht von der Ehebrecherin, die vor *Jesus* gebracht wird,[71] sondern auch die Steinigung des *Stephanus*[72] und des *Jakobus*.[73] Darüber hinaus gab es offenbar eine Art Lynchrecht[74] gegenüber unbefugten Eindringlingen in den Tempelbezirk[75]. Im Einklang mit Joh. 18.31 befindet sich aber, neben *Josephus* selbst,[76] die überwiegende Zahl

---

68 Vgl. *Sherwin-White*, Roman Society and Roman Law in the New Testament, 1963, S. 3 ff.
69 *D. Nörr*, TR 33, 1965, S. 100 (Rez. des in der voranstehenden Fußnote genannten Buches).
70 *D. Liebs*, Das ius gladii der römischen Provinzgouverneure in der Kaiserzeit, ZPE 43, 1981, S. 220 in Fn. 25 als „wohl unstreitig" bezeichnet.
71 Joh 8, 3 ff. Die Tatsache, dass die Frau nicht gesteinigt wird, spricht nicht zwingend gegen eine Tötungskompetenz der Juden, sondern ist aus alttestamentarischer Tradition heraus zu verstehen, vgl. *D. Daube*, Das Alte Testament im Neuen – aus jüdischer Sicht, Xenia Heft 10, Konstanzer althistorische Vorträge und Forschungen, S. 27 f.
72 Apostelgeschichte 7.58.
73 Flavius Josephus AJ XX.IX.1.
74 *Raballo*, ANRW II, 13, S. 737; allerdings ist die Assoziation des Begriffs mit „Lynchjustiz" verfänglich, da es sich gerade um ein rechtlich gebilligtes Vorgehen handelte.
75 *Flavius Josephus*, BJ VI.II.4; s. auch OGIS, 598.
76 BJ II.VIII.1; VI.V.3; AJ XX.IX.1; XVII.X.9.

außerbiblischer Quellen: *Seneca* in seiner Schrift „de ira";[77] das erste und – insbesondere – vierte Edikt von Kyrene[78] und die Inschrift von Nazareth[79].

Weder *Josephus* noch die außerbiblischen Quellen erwähnen jedoch, dass gerade *Pilatus* das *ius gladii* innehatte. Daher ist man hier im Wesentlichen auf Mutmaßungen angewiesen. Eine könnte etwa so lauten: *Pilatus* war, wie schon erwähnt, der fünfte Präfekt von Judaea. Vom ersten, *Coponius*, ist überliefert, dass er von *Augustus* mit dem *ius gladii* nach Judaea geschickt worden war.[80] Nur den senatorischen Gouverneuren stand das Schwertrecht höchstpersönlich zu, den ritterlichen musste es eigens vom Kaiser oder durch Gesetz übertragen werden[81]. Solch eine Übertragung kann man sich aber nur schwer als persönliches Privileg vorstellen; näher liegt da eine in den lokalen Gegebenheiten liegende Sachnotwendigkeit, so dass das *ius gladii* jedem Präfekten von Judaea übertragen worden sein dürfte. Es handelte sich dabei schließlich um eine Region nicht allzu großer Friedfertigkeit, genauer: notorischen Aufrührertums. Dieser (vielleicht etwas akademischen) Mutmaßung lässt sich jedoch noch eine zweite, handfestere anfügen: *Philo* charakterisiert *Pilatus* in seiner bereits oben angesprochenen Schrift *legatio ad Gaium* in ausgesprochen düsteren Tönen;[82] er häuft Vorwurf auf Vorwurf. Einer von ihnen lautet, dass *Pilatus* Angst davor bekam, die Juden würden dem Kaiser Mitteilung davon machen, dass er τοὺς ἀκρίτους καὶ ἐπαλλήλους φόνους begangen habe (302), also wiederholte Hinrichtungen, denen keine Aburteilungen vorangegangen waren. Mit anderen Worten: *Philo* macht *Pilatus* hier also das Fehlen von Verurteilungen, nicht dagegen das Töten schlechthin zum Vorwurf. Das impliziert aber wiederum, dass *Philo* die Tötungskompetenz des *Pilatus* nicht anzweifelt, soweit zuvor ein Urteil gefällt worden ist. In Verbindung mit Joh. 18.31 spricht damit eine solide Wahrscheinlichkeit dafür, dass *Pilatus* tatsächlich das *ius gladii* eingeräumt worden war.[83]

Allein schon am oben genannten Beispiel der Ehebrecherin zeigt sich jedoch, dass es hinsichtlich der Tötungskompetenz wohl keine klare Trennlinie gegeben haben wird. Auch die Juden haben Vollstreckungen vorgenommen und vornehmen dürfen; das zeigt sich insbesondere an dem Tötungsrecht gegenüber dem, der

---

77 De ira II.V.5.
78 FIRA I, 68.
79 Dazu *Wenger*, Eine Inschrift aus Nazareth, ZRG, rom Abt. 51, 1931, S. 39f.
80 *Flavius Josephus*, Jos. BJ II. VIII. 1; AJ. XVIII. I.1.
81 *Liebs*, Das ius gladii der römischen Provinzgouverneure in der Kaiserzeit, ZPE 43, 1981, S. 223.
82 XXXVIII.299–305.
83 S. auch *Otte*, Neues zum Prozeß gegen Jesus? – Die „Schuldfrage" vor dem Hintergrund der christlich-jüdischen Beziehungen, NJW 1992, 1019, 1024.

unbefugterweise den Tempelbezirk betreten hat. Eine eindeutige Lösung wird sich angesichts dieser Quellenlage wohl nicht finden lassen, wahrscheinlich hat es sie auch gar nicht gegeben. Sieht man die Steinigungen *Stephanus'* und *Jakobus'* als Fälle von Lynchjustiz, so könnte doch eine (durch den Bericht als möglich implizierte) Steinigung im Falle der Ehebrecherin – wenigstens stillschweigend – geduldet worden sein[84]. Die Römer dieser Zeit hatten immerhin ein geschärftes Bewusstsein für die Vorwerfbarkeit von Ehebruch durch die augusteische Reformgesetzgebung,[85] während für Religionsvergehen die kaiserliche Devise auf Toleranz lautete.[86]

Denkbar ist allerdings auch, dass einer Duldung wie im Fall der Ehebrecherin ein Gedanke zugrunde lag, der wenigstens auch die Tötung bei Betreten des Tempelbezirks hätte rechtfertigen können; nämlich, dass ein *manifestus*, also der auf frischer Tat Ertappte, strafrechtlichen Sonderregeln unterfiel. Bestand aber tatsächlich solch ein Nebeneinander von faktischem und rechtlichem Zustand, so ist die in diesem Zusammenhang eigentlich interessierende Frage, warum sich das Synedrium zu rechtmäßigem Handeln entschlossen hat, anstatt auf faktischem Wege das schließliche Ergebnis herbeizuführen – ein Versuch in diese Richtung war ja (zumindest ausweislich des Johannes-Evangeliums[87]) schon einmal unternommen worden.[88]

Eine Antwort soll hier nicht versucht werden; nur ist die Richtung, in die man dabei denken könnte, vielleicht die, dass sich die Juden gegenüber der Besatzungsmacht Rom ostentativ von „den Christen" distanzieren wollten. Dass man dagegen aus dem Bericht von der Auslieferung *Jesu* an *Pilatus* die Schlussfolgerung ziehen kann, das Synedrium sei an der Hinrichtung in keiner Weise beteiligt gewesen,[89] erscheint allerdings unwahrscheinlich. Auch ist es wohl etwas weit hergeholt, dass mit der Auslieferung und der vorhersehbaren Kreuzigung die

---

84 Vgl. außer *Sherwin-White*, Roman Society and Roman Law in the New Testament, 1963, S. 3 ff., auch noch *Nörr*, Rechtsgeschichtliche Probleme in den Evangelien, Kontexte 3, 1966, S. 98 ff.; Ders. (wie Fn. 65) S. 101; *Schumann*, Bemerkungen zum Prozeß Jesu, ZRG, Rom. Abt., 82, 1965, S. 319.
85 Zum augusteischen Familienreformversuch s. etwa *Raditsa*, Augustus' Legislation Concerning Marriage, ANRW II/13, 1980, S. 278 ff.; *D. Nörr*, The Matrimonial Legislation of Augustus, The Irish Jurist 16, 1981, 350; *Astolfi*, La Lex Iulia et Papia, 2. Aufl., 1986; *Mette-Dittmann*, Die Ehegesetze des Augustus, 1991.
86 S. nur *Tac*. Ann. I.73; *Suet*. Tib.28; vgl. dazu *Latte*, Religiöse Begriffe im frührömischen Recht, ZRG, rom. Abt. 67, 1950, S. 47, 58.
87 Joh 8, 59.
88 Hierzu eindringlich *Biser*, Prozess und Kreuzestod, in: Wenz (Hrsg.) Christus – Jesus und die Anfänge der Christologie, 2011, S. 262, 265 ff.
89 Lietzmann, Der Prozeß Jesu, Sitzber. d. Pr. Akad. d. Wiss. 1931, S. 313 ff.

Verfluchung *Jesu* bezweckt worden sei (Deut. 21.23)[90]. Zum Beispiel erweckt die Art, wie *Philo* in seiner Schrift Περί τῶν ἐν μέρει διαταγμάτων über die von jüdischen Gerichten zu verhängende Todesstrafe schreibt, den Anschein, als läge die Exekutionsbefugnis in den Händen der jüdischen Gemeinde;[91] er gibt keinen Hinweis darauf, dass zu dieser Zeit in Alexandrien eine solche Kapitalgerichtsbarkeit überhaupt nicht bestand.

Als vorläufiges Ergebnis folgt daher, dass – egal, wie sich die Praxis mit einem Nebeneinander von rechtlichem und faktischem *ius gladii* arrangiert hatte – der Bericht von der Auslieferung *Jesu* durch das Syndrium an *Pilatus* mit dem Ziel, seine Verurteilung und Hinrichtung zu erreichen, historische Wahrscheinlichkeit für sich beanspruchen kann.

4. Verfahrensleitung

Auf die Frage nach der Anwendbarkeit römischer Strafrechtsprinzipien kann man wahrscheinlich gar nicht pragmatisch genug antworten.[92] Im Laufe der ersten beiden Jahrhunderte nach Christus mag sich durch Intensivierung der Reskriptenpraxis, vor allem ab *Hadrian*, vieles geändert haben. Zur Zeit des *Pilatus* jedenfalls dürfte der römische Magistrat verfahren haben, wie es ihm durch seine Erziehung vertraut war. Die theoretische wie praktische Ausbildung eines Römers der Oberschicht[93] vermittelte römische Grundgedanken, die der *discipulus* auf seinem späteren Gang durch den *cursus honorum* in die Tat umsetzte. So nimmt es denn auch nicht wunder, dass die Magistrate die stadtrömische Zweiteilung des Zivilprozesses (*in iure, apud iudicem*) auf die Provinzen übertragen haben.[94] Und sollte einmal solch eine Magistrat keine juristische Ausbildung genossen haben, wird er sich in Elementarlehrbüchern des römischen Rechts (oder auch der Rhetorik[95]) die nötigen Kenntnisse verschafft haben.[96]

---

90 So aber *Schniewind*, Das Evangelium nach Markus, 1937, S. 183
91 Z.B. I, 316; II, 28; II, s. allerdings auch *Leisegang*, RE XX.1, s.v. „Philo (41)", Sp. 27, der Philos Schrift als Idealgesetzgebung ansieht. Insofern wäre der Beweiswert mit Vorsicht zu genießen.
92 S. auch noch die unten, sub 5 vor a, zitierte Procolus-Stelle D 1.18.12, sowie *Liebs*, Das Recht der Römer und die Christen, 2015, S. 13 ff.
93 Dazu statt vieler *Bonner*, Education in Ancient Rome, 1977; auf S. 289 ff. insbesondere zur juristischen Ausbildung.
94 S. nur *R. Hoffman*, Civil Law Procedures in the Provinces of the Late Roman Republic, The Irish Jurist XI, 1976, S. 355 f.
95 Dazu erneut *Bonner*, Education in Ancient Rome, 1977, S. 289 ff.
96 So für Ägypten, *Brunt*, JRS 65, 1975, The Administrators of Roman Egypt, S. 134 f.

Darüber hinaus wird man annehmen dürfen, dass die Verfahrensleitung durch den Vertreter der römischen Besatzungsmacht in einer Provinz (bzw. einem Teil davon) sehr viel freier war, als man dies von einer Betrachtung allein der Verhältnisse in der Stadt Rom kennt bzw. annehmen würde. Das schreibt ausdrücklich *Proculus*, also ein Jurist aus der Zeit gerade des vorliegenden Prozesses,[97] in

> D 1.18.12 (Procul. 4 ep.): *„Aber obwohl derjenige, der einen Provinz verwaltet, stellvertretend die Aufgaben aller Magistrate Roms erfüllen muss, ist gleichwohl nicht darauf zu sehen, wie man es in Rom macht, sondern darauf, was zu geschehen hat."*

Wenn sich *Blinzler* darüber empört,[98] dass die Juden mit der Auslieferung *Jesu* an *Pilatus* die Anklage verändert haben – anstatt Zauberei, Verführung und Verleitung des Volkes nunmehr der Vorwurf des *crimen laesae maiestatis*, berührt er das nicht ganz einfache Problem der Konkurrenzen von Delikten, bzw. von Tateinheit (d. h. eine Handlung erfüllt mehrere Tatbestände; vgl. § 52 StGB), und geht vielleicht zu sehr von modernem Rechtskraftverständnis (z. B. *ne bis in idem*) aus. Ist nicht auch die Ansicht vertretbar, dass *Jesus* mehrere Delikte begangen hat, bzw. dass sein Verhalten mehrere Straftatbestände erfüllt hat, für deren Aburteilung dann auch mehrere Gerichte zuständig waren?[99] Ein modernes Beispiel wäre etwa eine Klage vor dem Europäischen Gerichtshof in Luxemburg, in der die Verletzung europäischen Rechts gerügt wird, während in der Vorinstanz vor dem Bundesverfassungsgericht ein Verstoß gegen das Grundgesetz Gegenstand der Verhandlung gewesen ist.

5. *Jesus* als Geständiger?

Das römische Prozessrecht hatte den Grundsatz herausgebildet: *confessus pro iudicato habetur*. Damit ist zum Ausdruck gebracht, dass dann, wenn der Angeklagte bzw. Beklagte die Tat gestand, sich der Richter die Beweiserhebung ersparen und sogleich zur nächsten Stufe des Verfahrens fortschreiten konnte, gegebenenfalls also zur Exekution der Strafe. Dieser Grundsatz ist keine Anomalie

---

[97] Zur Person und Datierung *Kunkel*, Die Römischen Juristen, Neudruck 2001, S. 123 ff.
[98] Der Prozeß Jesu, 4. Aufl., 1969, S. 245 ff.
[99] Andeutungen dazu bei *Wlassak*, Anklage und Streitbefestigung im Kriminalrecht der Römer, 1917, S. 30 ff., der jedoch den Fall vor Augen hat, dass der Erstprozess zum Freispruch geführt hat. Probleme der im Text angedeuteten Art können auch noch einem heutigen Prozessrechtler Kummer bereiten.

aus rechtshistorischer Frühzeit,[100] sondern findet sich beispielsweise in Gestalt des Anerkenntnisurteils, § 307 ZPO, auch im heutigen Recht.[101] Dagegen mag man einwenden, dass letzteres Beispiel das Zivilrecht betreffe. Im vorliegend maßgeblichen Strafrecht seien dagegen andere Maßstäbe anzusetzen, und das sei auch schon im antiken Rom der Fall gewesen.[102]

Das ist insoweit zutreffend, als die Regel in den Digesten[103] vornehmlich im zivilprozessualen Umfeld diskutiert wird – aber eben nicht nur, wie sich aus der folgenden Stelle ergibt:

> D 48.18.1.27 (Ulp. 8. de off. procons.): *„Wenn jemand freiwillig ein Geständnis ablegt, darf man ihm nicht immer Glauben schenken: es könnte nämlich aus Furcht oder aus einem sonstigen Grund hervorgerufen sein. Es gibt einen Brief* (epistula) *der divi fratres*[104] *an Voconius Saxa, der einen Freispruch in dem Fall anordnet, dass sich einer, der ein Geständnis abgelegt hat, als unschuldig herausstellt. Wörtlich heißt es dort: „Lieber Saxa, du hast klug und im Sinne der Humanität gehandelt, als du den Sklaven, nachdem der Verdacht aufgekommen war, dass er sein Mordgeständnis aus Furcht davor abgegeben hat, zu seinem Herrn zurückgebracht zu werden, verurteilt hast, dabei seine falsche Aussage aufrechterhaltend, um auf dessen Grundlage die vermeintlichen Komplizen zu foltern, die er auch fälschlich angezeigt hatte, um sodann umso sicherer hinsichtlich der Tatsachen sein zu können. Dein kluges Judiz erwies sich auch als zutreffend, alldieweil durch die Folter klargestellt werden konnte, dass jene nicht seine Komplizen gewesen sind dass er sich fälschlich angezeigt hatte…"*[105]

Voconius Saxa war Prokonsul von Afrika, als er einen Sklaven aufgrund dessen Geständnisses, einen Mord begangen zu haben, verurteilt hat. Er tat dies unbeschadet des Umstands, dass er von vornherein Zweifel an der Richtigkeit des Geständnisses hatte. *Voconius* stellte nach dem Urteil – also ohne rechtliche

---

100 Zum Fortwirken dieser Regel im Mittelalter *Elsener*, Deutsche Rechtssprache und Rezeption, in: Gernhuber (Hrsg.) Tradition und Fortschritt im Recht, FS zum 500-jährigen Bestehen der Tübinger Juristenfakultät, 1977, S. 47, 58.
101 Dazu etwa *Heiß*, Anerkenntnis und Anerkenntnisurteil im Zivilprozess, 2012, S. 34 ff. (zum Bezug auf die römisch-rechtlichen Regel); s. auch *Manthe*, Geschichte des römischen Rechts, 3. Aufl., 2007, S. 62.
102 *Otte*, Neues zum Proceß gegen Jesus? – Die „Schuldfrage" vor dem Hintergrund der christlich-jüdischen Beziehungen, NJW 1992, 1019, 1025; *Mayer-Maly*, Rechtsgeschichtliche Bemerkungen zum Proceß Jesu, FS Trinkner, 1995, 39, 43.
103 Der Titel 42.2 trägt die Überschrift: *de confessis*. Hierzu *Kaser/Hackl*, Das Römische Zivilprozessrecht, 2. Aufl. 1996, § 37.
104 Dabei handelt es sich um *Mark Aurel* und *Lucius Verus*, die als *principes* gemeinsam von 161 bis 169 regierten.
105 Dazu etwa *Bauman*, Human Rights in Ancient Rome, 2000, S. 49 f.; *Bradley*, Slavery and society at Rome, 1994, S. 162. Der weitere Verlauf des Briefes weist *Voconius* an, den Sklaven per Gnadenakt freizusprechen unter der Bedingung, dass er nie wieder in die Gewalt seines *dominus* zurückkehren darf.

Verpflichtung[106] – weitere Untersuchungen an, die die Unschuld des Sklaven bewiesen; er hatte nämlich sich nur deshalb selbst bezichtigt, weil er die Rückkehr zu seinem *dominus* vermeiden wollte.[107]

Bericht und Brief implizieren mithin die Anwendbarkeit und Anwendung der *confessio*-Regel auch in einem Mordverfahren.[108] Die gesamte Diskussion sowohl der *divi fratres* als auch des *Ulpian* dreht sich um den richtigen Umgang mit einem als falsch erkannten Geständnis; die Anwendung der Regel *confessus pro iudicto habetur* wird dagegen als selbstverständlich auch in diesem Kontext unterstellt. Auch wenn zwischen dem Pilatus-Prozess und dem des *Voconius Saxus* knapp 150 Jahre liegen dürften, ist nicht ersichtlich, dass bzw. warum sich diese Regel – sie fasst ja im Grunde genommen ein auf gesundem Menschenverstand beruhendes Verhalten in rechtliche Form[109] – im Strafrecht erst in dieser Zwischenphase entwickelt haben sollte, nachdem sie im Zivilrecht schon lange zuvor gegolten hatte.

Es kommt aber insbesondere auch noch hinzu, dass *Sallust* in seiner Beschreibung der Verschwörung des *Catilina*[110] gerade im strafrechtlichen Kontext auf diese Regel Bezug nimmt:

> *Daher lautet mein Antrag: Da durch den gottlosen Plan ruchloser Bürger der Staat in die höchste Gefahr gestürzt ist und diese durch das Geständnis des Titus Volturcius und der allobrogischen Gesandten überführt und selbst geständig sind, dass sie zu Mord, Brand und anderen unmenschlichen Gräueltaten an ihren Mitbürgern und am Vaterland entschlossen waren, so ist an*

---

106 Das deutsche Strafprozessrecht erhebt ein solches Vorgehen heutzutage zur rechtlichen Pflicht, vgl. nur BVerfG NJW 2013, 1058; BGH NStZ 2014, 53. Dogmengeschichtlich zu dieser bereits früh einsetzenden Entwicklung etwa v.*Soden*, Cofessio zwischen Beichte und Geständnis, 2010, S. 86.

107 Die Lage des Sklaven muss verzweifelt gewesen sein, wenn er den sicheren Tod via Amtsgewalt vorzog; er konnte schließlich nicht mit dem Wahrheitsdrang des Prokonsuls rechnen. Doch warum beging der Sklave nicht Selbstmord oder floh, wie etwa der Sklave *Androclus* in Gellius, NA, V, 14? Gab es noch andere Motive für seine *confessio*? Der Sachverhalt ist jedenfalls verwirrend.

108 So vornehmlich *Kunkel*, Prinzipien des römischen Strafverfahrens, in: Kleine Schriften 1974, S. 11, 19; *Thomas*, Confessus pro iudicato (L'aveu civil et l'aveu pénal à Rome), in: L'Aveu. Antiquité et Moyen Âge, 1986, 89 ff.; *Reinbold*, Der älteste Bericht über den Tod Jesu, 1994, S. 262; *Paulus* in: Neuer Pauly, Enzyklopädie der Antike, s.v. confessio.

109 Daher galt auch die Flucht, das Aufgeben der eigenen Verteidigung (*defensionem relinquere*) oder die Bestechung der eigenen Ankläger als Geständnis; vgl. *Kunkel*, Prinzipien des römischen Strafverfahrens, in: Kl. Schriften, 1974, S. 11, 19. Wir finden diesen gesunden Menschenverstand heutzutage auch in manchen Ländern (etwa Österreich oder die USA), in denen beispielsweise ein Insolvenzverfahren ohne weitere Vorprüfung auf Schuldnerantrag hin eröffnet wird. In Deutschland geschieht dies deshalb nicht, um die Möglichkeit des Insolvenzgeldes nicht zu beschneiden.

110 De Catilinae coniuratione 52.36.

denen, die gestanden haben und wie an denen, die todeswürdiger Verbrechen überführt wurden, nach dem Beispiel unserer Vorfahren die Todesstrafe zu vollziehen.

Wenn also die Regel auch in einem Strafprozess relevant gewesen sein dürfte, drängen die Berichte sowohl des *Markus* als auch des *Matthäus* die Frage geradezu auf, ob nicht *Jesus* als ein *confessus* anzusehen ist?

Bevor eine Antwort auf genau diese Frage gegeben wird, sei noch einmal zweierlei in Erinnerung gerufen: zum einen, dass die im Spiele befindlichen Verständnisschichten des historischen Vorkommnisses, gegebenenfalls zusätzlich des Dolmetschers,[111] der tendenzgerichteten Berichterstattung der Autoren sowie des heutigen Lesers eine Rekonstruktion zu einem waghalsigen Unterfangen machen; zum anderen, dass man dessen eingedenk sein muss, dass das hier untersuchte Geschehen weit entfernt von der intellektuellen, auch im römischen Recht geschulten Geisteselite Roms stattfand. Man wird daher vermutlich nicht die gleiche Stringenz rechtmäßigen Verhaltens erwarten dürfen wie vielleicht bei einem Prozess im Zentrum Roms. Diese Vermutung wird untermauert durch die oben (sub 4) zitierte Aussage des *Proculus*.

a) **Anklagefrage:** *1 Und alsbald am frühen Morgen hielten die Hohenpriester Rat samt den Ältesten und Schriftgelehrten und das ganze Synedrium, und sie banden Jesus und führten ihn weg und überlieferten ihn dem Pilatus. 2 Und Pilatus fragte ihn: Bist <u>du</u> der König der Juden?*

Das Verfahren vor *Pilatus* beginnt abrupt: Der römische Präfekt stellt – in jedem der kanonischen Evangelien[112] – dieselbe Frage, ob nämlich *Jesus* der König der Juden sei. ‚König' durfte sich bei Todesstrafe nur derjenige nennen, der vom Princeps höchstpersönlich die Erlaubnis zur Führung dieses Titels erhalten hatte. Das war im Falle *Jesu* evidentermaßen nicht der Fall, so dass diese Frage im Klartext bedeutet, ob *Jesus* ein todeswürdiges Verbrechen begangen habe; denn die Anmaßung, ein König zu sein, bedeutete die Verletzung „of the supremacy of Rome as against other peoples"[113] und erfüllte den Tatbestand des *crimen laesae maiestatis*.[114]

---

111 Im Italienischen gibt es das Sprichwort: *traduttore é traditore:* Der Übersetzer ist ein Betrüger.
112 Mk. 15, 2; Mt. 27, 11; Lk 23, 3; Joh. 18, 33.
113 *Bauman*, The crimen maiestatis in the Roman Republic and Augustan Principate, 1967, S. 14.
114 AA. *Bammel*, The Trial before Pilate, in: Bammel/Moule (Hrsg.) Jesus and the politics of his day, 1984, S. 434 f., der aber m. E. zu Unrecht den Königstitel in der Anklagefrage als einen religiösen Begriff auffasst. Es mag sein, dass „... has primarily a religious meaning in Jewish

b) *Jesu* Antwort: *Er aber antwortete und sprach zu ihm: Du sagst es.*

Im Gegensatz zum Johannes-Evangelium antwortet *Jesus* auf diese mithin hoch gefährliche Frage bei allen drei Synoptikern gleichermaßen: σὺ λέγεις. Das ist eine nur schwer ins Deutsche übersetzbare Aussage, weil die griechischen Verben (wie etwa auch die lateinischen) gegenüber der deutschen Sprache die Eigenheit aufweisen, dass sie das handelnde Subjekt gleich mitbezeichnen. Wenn also im Deutschen zwei Wörter notwendig sind, um zu sagen „du sagst", geht das im Griechischen mit nur einem Wort: *legeis*. Da es im Altgriechischen keine Worte für „ja" oder „nein" gibt, ist die typische Bejahung eben die: „Du sagst es".

Während insofern also alles nach einem glatten Geständnis aussieht, kommt die Irritation ins Spiel, dass die Synoptiker nun gleichwohl *Jesus* die Antwort mit zwei Wörtern in den Mund legen. Das hinzugefügte σὺ heißt „du" – mit der Folge, dass man die Antwort so lesen kann (wie es *Johannes* tatsächlich in 18.34 tut), als sei eine starke Betonung auf dem „du". *Jesus* sagt demnach also: DU sagst es, dabei implizierend: ich sage das nicht.

Lässt man einmal das Dolmetscherproblem beiseite (das, wie schon erwähnt, gegebenenfalls all diese Feinsinnigkeiten zunichtemachen würde), käme es zunächst einmal darauf an, diese Antwort *Jesu* ins Aramäische zurückzuübersetzen. *M. Black* hat leider in seinem einschlägigen Buch[115] gerade diese Antwort nicht behandelt; doch hat offenbar auch das Aramäische die zuvor erwähnte Eigenheit des Griechischen geteilt, derzufolge die Verbform zugleich das handelnde Subjekt determiniert. Damit wäre also das Problem dessen, was *Jesus* gemeint haben könnte, weiterhin ungelöst. Allerdings wird praktisch nirgends thematisiert, dass die Verstärkung des Subjekts in σὺ λέγεις keineswegs eine nur an dieser Stelle in den Evangelien auftauchende Anomalie für ein verstärktes „ja" ist. Das zeigt beispielsweise *Matthäus*' σὺ εἶπας,[116] das das ἐγώ εἰμι in *Markus* wiedergibt.[117]

Man kann daher vielleicht folgende Hypothese aufstellen: Die vier Evangelisten haben *Jesu* Antwort möglicherweise verschieden verstanden: *Markus* und *Matthäus* als ein nachdrückliches „ja"; *Lukas* und *Johannes* als ein „ja schon, aber...". Je nachdem wird dann natürlich *Pilatus*' Reaktion angepasst oder inter-

---

language" (S. 418); aber dass *Pilatus* dies auch so verstanden hat, erscheint sehr fragwürdig; vgl. dazu *Strobel*, Die Stunde der Wahrheit, 1980, S. 95; sowie *Otte*, Neues zum Prozeß gegen Jesus? – Die „Schuldfrage" vor dem Hintergrund der christlich-jüdischen Beziehungen, NJW 1992, 1019, 1024.
115 An Arameic Approach to the Gospels and the Acts, 2. Aufl., 1954.
116 Mt. 26, 64.
117 Vgl. *Goodspeed*, Problems of the New Testament translation. S. 64 ff., der auch noch auf Lukas 22, 70 f. und Johannes 18, 37 verweist. A.A. etwa *Aland*, ANRW II. 23.1, S. 170.

pretiert. Legt man aber ausschließlich die Version des *Matthäus* und *Markus* zugrunde, so ist *Jesus* tatsächlich ein *confessus*. So wie es beide Evangelisten schildern, ergibt sich ein klarer Verfahrensablauf.[118] *Pilatus* fragt, ob *Jesus* die Tat begangen hat, sich König der Juden zu nennen. Und dieser antwortet „vollkommen richtig". In beiden Fällen nimmt *Pilatus* die Antwort unbewegt hin. Er ist keineswegs verwundert oder verzweifelt.

Ein Zweifel äußernder *Pilatus* wäre aber wohl mit Gewissheit von den Evangelisten als solcher dargestellt worden. Gerade das aber tun sie beide nicht. Wenn *Winter*[119] von *Markus* schreibt: „(he) wishes to emphasize the culpability oft he Jewish nation for the death of Jesus..." und *Blinzler Matthäus'*σὺ λέγεις als eine Verkürzung auffasst, weil anderenfalls *Pilatus* sich nicht hätte wundern müssen[120], begehen beide den Fehler, ihre Kenntnis und das Verständnis insbesondere von *Lukas* und *Johannes* in *Markus* hineinzulesen.

Im Zusammenhang mit dem Erklärungswert der Antwort *Jesu* stellt *Blinzler*[121] überdies die Frage, ob ein „ja" mit Vorbehalt (so liest er *Matthäus*) als Geständnis hat bewertet werden dürfen. Abgesehen davon, dass allenfalls der lukanische *Pilatus* einen Vorbehalt in *Jesu* Antwort gehört hat, ist damit eine komplexe rechtliche (eigentlich sogar urmenschliche) Frage angesprochen: Inwieweit hindern Verfahrensregeln, hinter deren Anwendung man sich ja verschanzen kann, die Wahrheitsfindung? Oder anders formuliert: Wie deutlich muss ein „nein" sein, um nicht der Regel *confessus pro iudicato habetur* zu unterfallen? Dazu nur zwei Anhaltspunkte. Wie alsbald (unten sub d) noch einmal zu thematisieren sein wird, galt auch Schweigen als *confessio*; und der oben geschilderte Fall des *Voconius Saxa* zeigt, dass Zweifel an der Richtigkeit des Geständnisses die Anwendbarkeit der Regel nicht hinderte.

Überdies ist gerade an dieser Stelle zu wiederholen und zu betonen, dass es bei der aus der Sicht des römischen Richters keinesfalls spektakulären Szene einzig und allein auf den Verständnishorizont der mit der Kapitalgerichtsbarkeit ausgestatteten Obrigkeit ankam – also auf *Pilatus*. Er verkörperte die Macht, er hatte seine diversen Streitereien mit den Juden hinter sich, er war in deren interne Streitigkeiten einbezogen. Nichts an den Berichten des *Markus* und *Matthäus*

---

118 A.A. *Schneider* zu Mk 15, 14: „Viewed as a consecutive factual record of events the Markan report is inadequate..." nicht zwingend; *Schneider*, The political charge against Jesus, in Bammel/ Moule (Hrsg.) Jesus and the politics of his day, 1984, S. 404.
119 On the Trial of Jesus, 1974, S. 33.
120 AaO S. 280 N. 10 a. E. und S. 282 f. Vgl. ebenfalls E. *Bammel*, The Trial before Pilate, in ‚Jesus and the politics of his day', 1984, S. 417.
121 Der Prozeß Jesu, 4. Aufl., 1969, S. 280 N. 10.

deutet an, dass zumindest bis zu diesem Zeitpunkt irgendetwas auf ein in seinen Augen außergewöhnliches Ereignis hätte schließen lassen können.[122]

c) Erneute Anklage: *3 Und die Hohenpriester klagten ihn vieler Dinge an.*

Es ist kein Einwand gegen die Annahme, Jesus sei ein *confessus*, dass das Verfahren nicht unmittelbar nach *Jesu* σὺ λέγεις abgebrochen wird. Laut *Markus* und *Matthäus* erteilt *Pilatus* nämlich den Hohenpriestern (und Ältesten) erneut das Wort:[123] in beiden Evangelien umschrieben mit dem Wort κατηγορεῖν. Sollte dieses Wort die technische Bedeutung von „Anklage erheben" haben, so ist verwunderlich (wenn auch keinesfalls ausgeschlossen), dass *Pilatus* schon vorher die Anklagefrage nach *Jesu* Königsein gestellt hat. Das würde bedeuten, dass *Pilatus* bereits vorher von der Anklage informiert worden war. Dies kann auf wenigstens zweifache Weise erklärt werden.

Einmal ausschließlich rechtlich:[124] Eine Anklageerhebung gegen den präsenten Beschuldigten ging so vonstatten, dass der Anklagende den Magistrat unter Darlegung der Straftat um die Zulassung als Ankläger bat, *delatio nominis*; dann wendet er sich dem Beschuldigten zu und eröffnete ihm den Gegenstand der Anklage, *edere crimen*. Den Abschluss dieses Verfahrens bildete die Frage, ob der Beschuldigte sich schuldig bekenne, *interrogatio legibus*[125]. Von deren Antwort hing es ab, ob der Beschuldigte ein *confessus* war oder nicht. Übertragen auf den Prozess *Jesu* bedeutet das, dass beide Evangelisten die *delatio nominis* nicht erwähnten, sondern nur den – für einen Nicht-Juristen eigentlich brisanten – Vorgang des direkten Vorwurfs der Juden an *Jesus* berichten, und das Ganze nicht ohne Recht als κατηγορειν bezeichnen. *Jesu* Geständnis besteht bei dieser Erklärung nicht im σὺ λέγεις, sondern in seinem (nachfolgend zu erörternden) Schweigen.

Eine andere Erklärung wäre der Hinweis auf die nahezu unbeschränkte Freiheit des römischen Präfekten, das Verfahren nach seinem Belieben zu gestalten.[126] Vielleicht war bereits das gesamte Anklageerhebungsverfahren abgeschlossen, als *Pilatus* die Frage stellte σὺ εἶ ὁ βασιλεὺς τῶν Ἰουδαίων; und mit *Jesu*

---

122 S. auch *Aslan*, Zelot – Jesus von Nazareth und seine Zeit, dt. 2014, S. 205.
123 Mk 15,3; Mt 27,12.
124 Zum Folgenden: *Wlassak*, Anklage und Streitbefestigung im Kriminalrecht der Römer. 1917, S. 18 ff., insbes. N. 33.
125 *Kunkel*, Quaestio, in: Kleine Schriften 1974, S. 33, 75.
126 Vgl. erneut die oben, sub 4, zitierte Stelle des Proculus in D 1.18.12.

positiver Antwort stand dann seine prozessuale Charakterisierung als *confessus* fest. Aber damit musste das Verfahren nicht gleich beendet sein, wie etwa der Blick auf *Plinius'* Verhalten zeigt (dazu sogleich). Dem *confessus* wurde eine Chance gegeben, indem die Anklagefrage wiederholt wurde. Da erscheint es als naheliegend, dass zwischen den Anklagefragen auch noch einmal dem Ankläger das Wort erteilt wurde, der dann verständlicherweise dick auftrug. Κατηγορεῖν müsste dann etwa als ‚beschuldigen' oder ‚vorwerfen' übersetzt werden.[127]

Von dem soeben angesprochenen *Plinius d.J.* haben wir eine Sammlung seiner Briefe, die in vielfältiger Weise Auskunft über das Leben im römischen Senatorenstand geben.[128] Besondere Berühmtheit hat derjene Band (der zehnte) erlangt, in dem *Plinius* den mit ihm befreundeten *princeps Trajan* in übervorsichtiger, nicht gerade von Entscheidungsfreude strotzender Untertänigkeit ein ums andere Mal Fragen zu Recht- und Zweckmäßigkeit seines Handelns als *legatus Augusti* in Bithynien befragt. Für den vorliegenden Kontext sind die Briefe 96 und 97 dieses Bandes besonders aufschlussreich, weil *Plinius* im ersten dieser Briefe wissen will, ob sein strafrechtliches und strafprozessuales Vorgehen gegen Christen so in Ordnung sei:[129]

> *Einstweilen gehe ich bei denen, die mir als Christen vorgeführt wurden, auf folgende Weise vor: Ich habe sie gefragt, ob sie Christen seien. Die das zugaben, habe ich ein zweites und ein drittes Mal unter Androhung von Todesstrafe befragt; beharrten sie, habe ich sie abführen lassen.*

Trajan bestätigt ihm die Angemessenheit seines Verhaltens im zweiten dieser Briefe. Von daher wissen wir also, dass *Plinius* auch geständigen Christen die wiederholte Chance eingeräumt hat, sich aus dem Anwendungsbereich der Regel *confessus pro iudicato habetur* herauszuwinden.

---

127 So in der Tat *Luther* bei Mk 15, 3, während er Mt 27, 12 mit ‚verklagen' übersetzt. Die Übersetzung vom Rat der Evangelischen Kirche in Deutschland sowie die amerikanische Revised Standard Version verwenden beide Male ‚verklagen' bzw. ‚accuse'.
128 Dazu etwa *Sherwin-White*, The Letters of Pliny. A Historical and Social Commentary, 1966; *Ludolph*, Epistolographie und Selbstdarstellung, 1997.
129 Briefe X, 96; s. dazu *Mayer-Maly*, Der rechtsgeschichtliche Gehalt der Christenbriefe von Plinius und Trajan, SDHI 22, 1956, S. 311 ff.; *Salzmann*, Lehren und Ermahnen, 1994, S. 133 ff.; *Zippelius*, Römischer Etatismus und christliche Religion, in: FS Heckel, 1999, S. 683 f.; *Liebs*, Das Recht der Römer und die Christen, 2015, S. 32 ff.; *Wieacker*, Römische Rechtsgeschichte, 2006, § 58 II 2.

d) Jesu „Antwort": *4 Pilatus aber fragte ihn wiederum, und sprach: Antwortest du nichts? Siehe, wie vieles sie gegen dich zeugen! 5 Jesus aber antwortete gar nichts mehr, so daß Pilatus sich verwunderte.*

Als sich *Pilatus* nach diesen erneuten Beschuldigungen an *Jesus* wendet und von ihm wissen will, was er dazu zu sagen habe, schweigt dieser. Das ist nach antikem römischem Recht eine Antwort. Denn anders als in der heutigen Jurisprudenz galt damals der Grundsatz: *qui tacet, consentire videtur,* wer also schweigt, stimmt offenbar zu.[130] Dass dies auch auf die Geständnisregel übertragen wurde, wissen wir etwa auch von dem Rhetoriklehrer *Quitilian.*[131] Demnach galt Schweigen auch als die gleichsam passive Form einer *confessio*.

Es ist dieses Schweigen, das nach dem Bericht des *Markus* bei *Pilatus* eine Reaktion hervorruft; denn er schreibt über ihn: ὥστε θαυμάζειν τὸν Πιλᾶτον. Dass er sich verwunderte, kann allerdings mehreres bedeuten: Darin kann all das stecken, was schließlich *Johannes* zu dem ausführlichen Bericht hat werden lassen, in dem *Pilatus* von *Jesu* Unschuld überzeugt ist. *Blinzler*[132] hält diese Interpretation für wahrscheinlich, weil *Pilatus Jesu* Leiche am Abend widerspruchslos freigibt.[133] Das ist allerdings ein Argument von beschränkter Aussagekraft, wie sich insbesondere aus einer Stelle in den Digesten ergibt:

> D 48.24.1 (Ulp. 9 de off. proconsul.): „*Die Leichname* (corpora) *derer, die zum Tode verurteilt worden sind, sollten den Angehörigen nicht verweigert werden; der göttliche Augustus schreibt im 10. Buch über sein Leben, dass er es so gehandhabt habe. Heute dagegen werden die Leichname von Kapitalverbrechern nur dann begraben, wenn dies beantragt und gestattet worden ist. Manchmal wird dies nicht gestattet, insbesondere wenn es sich um Täter von Majestätsverbrechen handelt....*"

Ulpian schreibt knapp 200 Jahre nach dem Prozess gegen *Jesu,* und er hebt ausdrücklich den Gegensatz zwischen damals und heute (*hodie*) hervor. Erst zu seiner Zeit hat man die Ausnahme bei *maiestas*-Verbrechen gemacht.

Aber auch über dieses juristische Argument hinaus ist diese Interpretation von Mk 15.5 höchst unwahrscheinlich. In Rom schreibend wusste *Markus* wohl sicherlich von *Neros* Christenverfolgungen, und konnte auch er (und nicht nur *Johannes*) bereits ahnen, dass sich die Christen mit den Römern arrangieren und von

---

130 Vgl. *Seneca d.Ä.,* Controversiae X.2.5: sed silentium videtur confessio.
131 *Quintilian,* Inst III, 6, 14; s. auch Ps.-Ascon. in Act I § 5 (*Stangl* S. 207); *Kunkel,* Prinzipien des römischen Strafverfahrens, in: Kleine Schriften 1974, S. 11, S. 19.
132 *Blinzler,* Der Prozeß Jesu, 4. Aufl., 1969, S. 394, 414.
133 Mk 15, 42 ff.; Mt 27, 57 ff.

den Juden distanzieren müssten. Er hätte daher wohl kaum die Gelegenheit versäumt, den römischen Statthalter von einem Schuldvorwurf zu befreien.

Eine andere Erklärung für das ὥστε θαυμάζειν τὸν Πιλᾶτον ist, dass *Markus* schlichtweg meinte, *Pilatus* müsse sich gewundert haben. Schließlich ist so ein Sich-wundern ein innerer Vorgang, von dem niemand sonst weiß als der, der sich wundert.

Und endlich kann *Markus* 15.5 bedeuten, dass *Pilatus* sich tatsächlich gewundert und seine Verwunderung geäußert hat: allerdings darüber, dass *Jesus* schwieg (so hat es offenbar *Matthäus* 27.14 aufgefasst. Dort ist der grammatische Bezug wesentlich klarer: *und er antwortete ihm nicht auf ein einziges Wort, sodass sich der Statthalter sehr verwunderte*). Denn rein tatsächlich wird *Pilatus* ein Geständnis unter solchen Umständen nicht allzu oft untergekommen sein. *Jesus* antwortet präzise, um anschließend zu schweigen, anstatt verzweifelt seine Rechtfertigung (*deprecatio*[134]) zu versuchen. Diese Deutung, die eine gewisse Lebenswahrscheinlichkeit für sich beanspruchen kann, bestätigt übrigens, dass *Pilatus Jesu* σὺ λέγεις als ein Geständnis aufgefasst hat[135].

Später wundert sich *Pilatus* dann noch einmal; dann nämlich, wenn er bei den Synoptikern einheitlich nach dem Freilassungsangebot und dem Entscheid zugunsten des *Barabbas* die Frage stellt: „Was hat er den Übles angestellt?" τί γὰρ κακὸν ἐποίησεν.[136] Auch diese Frage lässt verschiedene Interpretationen zu: Sie kann rein situationsbezogen verstanden werden. *Pilatus* hat einen erstaunlich ruhigen *confessus* neben sich stehen, von dessen (den Straftatbestand eines römischen *maiestas* Gesetzes erfüllenden) umstürzlerischen Umtrieben ihm noch nichts zu Ohren gekommen ist(!) und einen ihm bekannten Rebellen. Und in dieser Situation fordert die Menge die Freilassung des letzteren. Da kann sich *Pilatus* zu Recht fragen, was denn das besonders Schlechte, Üble, Verdammungswürdige in *Jesu* Verhalten ist. Seine Frage könnte sinngemäß etwa zum Inhalt haben, was denn *Jesus* in den Augen der Menge zum größeren Verbrecher stempelt.

Die Frage kann aber auch bedeuten, was *Lukas* aus ihr gemacht hat: Ich finde keine Schuld in diesem Menschen, οὐδὲν εὑρίσκω αἴτιον ἐν τῷ ἀνθρώπῳ τούτῳ (23.4), und ihr wollt ihn töten. Warum? *Pilatus* befindet sich dann in fast der gleichen Lage wie *Voconius Saxa* in dem oben beschriebenen Fall.

---

134 Vgl. *Kipp* in RE IV.1, s.v. „*confessio (2)*", Sp. 870.
135 Eine theologische Deutung des Verwunderns *Pilatus'* gibt dagegen *Strobel*, Die Stunde der Wahrheit, 1980, S. 96.
136 Mk 15, 14; Mt 27, 23; Lk 23, 22.

e) Inscriptio crucis

Die Folge des wie auch immer – ob durch die Aussage oder durch das Schweigen – zustandegekommenen Geständnisses ist die damit zugleich eingetretene Verurteilung *Jesu: pro iudicato habetur.* Wie bereits oben[137] erwähnt, war damit die auf ihn anzuwendende Todesstrafe die der Kreuzigung.[138] Auch hier übrigens führt eine rein historische Betrachtung des Geschehenen zu einer gewissen Relativierung der Schauerlichkeit auf Golgatha; rein numerisch sind die drei dort Gekreuzigten geradezu nichts im Vergleich zu dem, was *Flavius Josephus* über *Varus* berichtet: Der nämlich habe einmal im Rahmen einer Bestrafungsaktion an die 2000 Leute zugleich gekreuzigt![139]

Eine Bestätigung für die Anwendung des Rechtsgrundsatzes *confessus pro iudicato habetur* ergibt sich schließlich noch aus dem INRI (= *Iesus Nazarenus Rex Iudaeorum*), das ausweislich aller vier Evangelien als *causa damnationis* an das Kreuz geheftet worden war.[140] Damit wird der Grund für die Verurteilung öffentlich bekanntgegeben,[141] d. h. im Falle *Jesu*: die Anmaßung des Königstitels als Verletzung der römischen *maiestas*. Der Bericht des Markus- und Matthäusevangeliums wird damit um ein Detail des römischen Vollstreckungsrechts abgerundet, das den vorherigen Bericht über das Verfahren zusätzlich glaubhaft macht und somit *Pilatus'* Überzeugung von der Schuld *Jesu* ausdrückt.

---

137 III 3 a.
138 Dazu, dass es sich bei ihr um eine in der Antike weithin, bisweilen selbst von Juden verhängte Form der Bestrafung gehandelt hat, *Aslan*, Zelot – Jesus von Nazareth und seine Zeit, dt. 2014, S. 201.
139 BJ II.5.2. S. auch *Seneca*, de ira II.5.5 (300 Hinrichtungen an einem Tag). Zur Brutalität der Römer vornehmlich im Kontext ihrer Spiele etwa *Hopkins*, Death and Renewal, 1983, S. 1 ff. (dazu Rezension von *Paulus* ZRG, rom. Abt. 103, 1986, S. 514, 515).
140 Mk 15, 26; Mt 27, 37; Lk 23, 38; Joh 19, 19.
141 *Suet.* Cal. 32; Dom. 10.

IV. Ergebnis

Daraus folgt, dass *Jesus* im Einklang mit römischen Straf- und Strafverfahrensrecht von *Pilatus* behandelt worden ist und die Kreuzigung somit im Einklang mit dem damaligen Recht stand.[142] Die Annahme, es handele sich bei diesem Verfahren um einen „eklatanten Justizskandal", lässt sich nach dem Voranstehenden schwerlich erhärten.[143]

Freilich ist das hier gefundene Ergebnis, wie das nun einmal in der Wissenschaftsgeschichte (und gerade bei diesem viel behandelten Thema) nicht anders zu vermuten ist, keineswegs ein Novum. Nicht nur, dass die voranstehenden Überlegungen (zumindest in ihrer ursprünglichen Fassung[144]) eigentlich nichts weiter sind als der Versuch der Verifizierung einer Aussage meines Lehrers *Kunkel*, die dieser in seinen Untersuchungen über die „Prinzipien des römischen Strafverfahrens"[145] getroffen hat. Unter Zugrundelegung der Darstellung von *Matthäus* (und wohl auch *Markus*) erwähnt er in einigen bündigen Sätzen, dass sich *Pilatus* wohl völlig rechtmäßig verhalten habe, indem er nämlich *Jesus* als einen *confessus* behandelt hat, der eben *pro iudicato habetur* und mithin unmittelbar der gesetzlichen Strafe anheimfiel.

Es hat aber auch schon viel früher, nämlich in seiner Dissertation aus dem Jahr 1674, ein gewisser *Johann Steller* die Ansicht verfochten, dass sich *Pilatus* an die Vorgaben des römischen Rechts gehalten habe. Auch er verweist auf die urteilsgleiche Wirkung einer *confessio*,[146] die den Fortgang des Prozess verhindere. Jenes wie das auch hier vertretene Ergebnis impliziert, dass ein vollkommen entsprechender Geschehensablauf in anderen Teilen des römischen Reiches (etwa im heutigen England, Spanien oder Tunesien) genauso verlaufen wäre und geendet hätte wie der vor *Pilatus*.

Unter religiösem Aspekt stellt sich dieser Teil des Prozesses mithin als die sinnbildliche Verwirklichung des Satzes dar: *Summum Ius, Summa Iniuria*. Wenn man die Frage stellen möchte, warum sich *Jesus* nicht verteidigt hat, wird man bei der Antwort (wohl) nicht viel weiter kommen als das, was bereits *Nietzsche* be-

---

142 S. auch *Wesel*, Geschichte des Rechts, 3. Aufl., 2006, 9. Kap. Rz. 134; *Berger-Delhey*, Das Urteil des Pilatus, FS Trinkner, 1994, 19, 24.
143 So allerdings *Biser*, Prozess und Kreuzestod, in: Wenz (Hrsg.) Christus – Jesus und die Anfänge der Christologie, 2011, S. 262, 274.
144 *Paulus*, Einige Bemerkungen zum Prozeß Jesu bei den Synoptikern, ZRG, rom. Abt. 102, 1985, S. 437 ff.
145 Zitiert nach der Ausgabe in seinen Kleine Schriften, 1974, S. 11 ff.
146 *Streller*, Liberatoris Jesu Subsidio! Defensum Pontium Pilatum, Tertium Caput, Defensi Pontii Pilati – nuda sit executio, sub 42.

obachtet hat: „Er widersteht nicht, er verteidigt nicht sein Recht, er tut keinen Schritt, der das Äußerste von ihm abwehrt, mehr noch, er fordert es heraus."[147] Er mag das Ende vielleicht schließlich sogar gewollt haben, weil sich damit die Prophezeiungen, einschließlich seiner eigenen in Mk. 8.31,[148] erfüllt haben.[149] Er wurde damit, wie es die Sure 5,117 des Koran *Jesus* im Zwiegespräch mit seinem Gottvater in den Mund legt: „von Dir abberufen."[150]

---

[147] *Nietzsche*, Der Antichrist, 35; vgl. dazu *Petersen*, Nietzsches Genialität der Gerechtigkeit, 2. Aufl., 2015, S. 2 f.
[148] Zur Todeserwartung Jesu: *Biser*, Prozess und Kreuzestod, in: Wenz (Hrsg.) Christus – Jesus und die Anfänge der Christologie, 2011, S. 262, 269 f.
[149] Hierzu ideenreich in Bezug auf Deuteronomium 13 *Weiler*, The Trial of Jesus, in: First Things, abrufbar unter: http://www.firstthings.com/article/2010/06/the-trial-of-jesus (June 2010).
[150] Dazu *Bauschke*, Jesus im Koran, 2001, S. 104 f.

Schriftenreihe der Juristischen Gesellschaft zu Berlin

Mitglieder der Gesellschaft erhalten eine Ermäßigung von 40%

Heft 188 **Heinrich Heine – Ein deutscher Europäer im französischen Exil.** Von Prof. Dr. URSULA STEIN. 38 Seiten. 2010. € 39.95

Heft 189 **Das neue deutsche Staatsschuldenrecht in der Bewährungsprobe.** Von Prof. Dr. MARKUS HEINTZEN. 40 Seiten. 2012. € 29.95

Heft 190 **Grundrechtsschutz zwischen Karlsruhe und Straßburg.** Von Prof. Dr. ANDREAS ZIMMERMANN. 40 Seiten. 2012. € 34.95

Heft 191 **150 Jahre deutsche Verwaltungsgerichtsbarkeit.** Von Prof. Dr. h.c. ECKART HIEN. 30 Seiten. 2014. € 24.95

Heft 192 **Das Europäische Insiderhandelsverbot.** Von Prof. Dr. GREGOR BACHMANN. 64 Seiten. 2015. € 29.95

Heft 193 **Brauchen wir ein drittes Geschlecht?** Von Prof. Dr. TOBIAS HELMS. 36 Seiten. 2015. € 19.95

www.ingramcontent.com/pod-product-compliance
Lightning Source LLC
Chambersburg PA
CBHW070546170426
43200CB00011B/2577